Geschichte Südtirols

Die Drucklegung dieses Buches
wurde gefördert durch die Südtiroler Landesregierung,
Assessorat für Unterricht und Kultur.

2005 · Dritte, ergänzte Auflage

Gestaltung: Erwin Kohl
Umschlaggestaltung: Athesiagrafik
Gesamtherstellung: Athesiadruck, Bozen

ISBN 88-8266-088-5

www.athesiabuch.it
buchverlag@athesia.it

Alfons Gruber

Geschichte Südtirols

Streifzüge
durch das 20. Jahrhundert

VERLAGSANSTALT ATHESIA | BOZEN

Ein Volk,
das um nichts
anderes kämpft
als um sein
natürliches und
verbrieftes Recht,
wird den
Herrgott zum
Bundesgenossen
haben.

Michael Gamper

Inhaltsverzeichnis

Zum Geleit

Der Wunsch nach einer klar und kompakt aufgebauten Geschichte Südtirols im 20. Jahrhundert wurde ebenso von Gästen wie von Landsleuten geäußert, die sich ihr Wissen nur mit Mühe aus den großen Standardwerken erarbeiten können.

Dieses Buch zieht auf wissenschaftlicher Grundlage den roten Faden vom Unheil des Ersten Weltkrieges über die schweren Jahr der Diktaturen herauf bis zum Ringen um eine für alle tragbare Autonomie.

Dabei geht es dem Verfasser keineswegs um eine Abrechnung mit jenen Mächten, die das Land in Not und Elend gestürzt und ihm seine Ehre genommen haben. Aber getreu der alten Bauernregel, daß auch tausend Jahr Unrecht nicht einen Tag Recht machen, gilt es aufzuzeigen, daß auch große Erfolge im Ringen um die Selbständigkeit der Südtiroler nicht darüber hinwegtäuschen können, dass noch immer Unrecht zu bekämpfen ist.

Erst wenn der Staat, dem das Land zweimal völkerrechtswidrig zugesprochen wurde, die Schatten einer unseligen Vergangenheit völlig aufgehellt haben wird, kann das Bild eines heute blühenden, wirtschaftlich gesunden und in seiner kulturellen Entwicklung unbehinderten Landes auch von innerer Zufriedenheit getragen sein.

Solange aber noch in manchen Gehirnen, aber auch auf protzigen Denkmälern und in einer fremden, völlig unsinnigen Namengebung faschistischer Geist weiterlebt, herrscht kein wirklicher Friede in Südtirol. Dies *sine ira et studio* zu deuten, zu klären und zu begründen, ist das Anliegen dieses Buches.

Josef Rampold

Bozen, im Sommer 2002

Vorwort

Die Zeit ist eine sanftmütige Göttin, sagte der griechische Dramatiker Sophokles einmal. Aber gelegentlich knallt sie auch ganz gehörig mit der Peitsche. Das kann dann für die Zeitgenossen zur argen Heimsuchung werden.

Von ihrer sanftmütigen Seite haben die Südtiroler die *Göttin Zeit* in der ersten Hälfte des 20. Jahrhunderts nicht zu spüren bekommen. Ganz im Gegenteil: Es war ein Golgotha, ein Kreuzweg, der schon an den Fronten des Ersten Weltkrieges begann. Dann die Abtrennung vom Vaterland Österreich und die faschistischen *Peitschenhiebe,* denen viele Südtiroler in den zwanziger und dreißiger Jahren ausgesetzt waren. Nicht minder schmerzhaft war die Drangsal zur Zeit der Option, als die Menschen im Lande zwischen faschistischer Skylla und nationalsozialistischer Charybdis entscheiden mußten. Ungeheuer waren sie beide.

Obwohl nach dem Zweiten Weltkrieg den Südtirolern – genauso wie nach dem Ersten – das Selbstbestimmungsrecht verweigert wurde, war mit dem Pariser Vertrag (1946) ein international gültiges Dokument geschaffen, das Italien insofern in die Schranken wies, als Österreich nun offiziell als Schutzmacht der Südtiroler auftreten konnte.

Kanonikus Michael Gamper hat diesen Vertrag einmal als *Magna Charta* der Südtiroler bezeichnet. Freilich: Bis diese *Charta* mit politischem, kulturellem, wirtschaftlichem und sozialem Leben erfüllt wurde, mußten Österreich und die Südtiroler Volkspartei noch hart mit verschiedenen italienischen Regierungen ringen.

Die Wende kam mit der Genehmigung des sogenannten *Südtirolpakets* in Meran (1969) und der daraus resultierenden Verabschiedung des zweiten Autonomiestatutes im Jahr 1972. Nun war das Fundament gezimmert, auf dem die Südtiroler ihr autonomes Haus bauen konnten.

Sie taten es in den vergangenen dreißig Jahren mit Eifer und Geschick. Der Erfolg ist weithin sichtbar. Südtirol ist heute eine blühende Landschaft, viele Menschen sind wie auf der Sonnenseite des Lebens gebettet. Die *Göttin Zeit* zeigt sich von ihrer sanftmütigen und mildtätigen Seite.

Dieser *Wetterumschwung* spiegelt sich in den vorliegenden Streifzügen durch die Geschichte Südtirols im 20. Jahrhundert. Turbulenzen beherrschen die ersten siebzig Jahre des Jahrhunderts. Dann beginnt sich der Himmel zu lichten. Heute herrscht in Südtirol vielerorts eitel Sonnenschein, auch wenn gewisse »Eintrübungen« unübersehbar sind. Bei weitem nicht alle Menschen im Lande haben einen Platz an der *Sonne.*

Die *Streifzüge* sind in der nun vorliegenden dritten Auflage mit dem Kapitel *Durnwalder – der »Macher«* erweitert worden. Sie beanspruchen keine Vollständigkeit, vielmehr wollen sie als Marksteine aufgrund von geschichtlichen Fakten mit bisweilen eingeblendeten Geschichten verstanden werden. Ich danke der Verlagsanstalt Athesia für die Drucklegung und insbesondere dem Lektor Dr. Josef Rampold für die Durchsicht des Manuskripts und für das Geleitwort.

Alfons Gruber

Bozen, im Herbst 2005

Italiens Schwenk im Jahr 1915

Südtirol ist ein über ein Jahrtausend altes deutsches Siedlungsgebiet – Grenzland zwar schon seit fast urdenklichen Zeiten, aber dennoch tief im deutschen Kulturraum verankert. Seit dem Jahr 1363 gehörte Tirol zu Habsburg. Nur in jenen Jahren zu Beginn des 19. Jahrhunderts, als Napoleon die Peitsche über weite Teile Europas schwang, war Tirol zerrissen. Nach der Niederlage der Tiroler am Bergisel (1809) wurde das Land geteilt. Der nördliche Teil bis Meran und Klausen kam zu dem mit Napoleon verbündeten Bayern, der Teil südlich davon wurde von Napoleon dem Regno d'Italia einverleibt. Nach Napoleons *Waterloo* wurde Tirol wieder mit Österreich vereinigt und blieb es bis zum Friedensvertrag von Saint Germain im Jahr 1919.

Die entscheidenden Weichen für die Abtrennung Südtirols und die Einverleibung an Italien wurden im Jahr 1915 gestellt. Am 26. April jenes Jahres wurde in London ein Geheimabkommen unterzeichnet, in dem sich Italien verpflichtete, den Dreierbund mit Österreich-Ungarn und dem Deutschen Reich zu kündigen und an der Seite der Entente in den Krieg gegen Österreich einzutreten. Als Preis für diesen Schwenk wurden Italien von der Entente Kolonien, Erwerbungen an der Adria, das Trentino und Tirol von Salurn bis zum Brenner in Aussicht gestellt.

Italien konnte sich am Ende des Ersten Weltkrieges mit Frankreich, England und den USA zu den Siegermächten gesellen. Im Friedensvertrag von Saint Germain verlangte Rom die Auszahlung des Preises, der 1915 versprochen worden war. Aber die Rechnung ging nur zum Teil auf. Von den erhofften Gebieten an der Adria erhielt es nur den östlichen Teil von Friaul-Julisch-Venetien mit Triest und Istrien; die dalmatinischen Küstenstreifen hingegen kamen zum neuen Staat Jugoslawien, und bei der Aufteilung der deutschen Kolonien ging Italien völlig leer aus. Umso mehr pochte es auf die Einhaltung des Londoner Versprechens, was das Trentino und Südtirol betraf.

Sonder-Ausgabe.

Brixener Chronik

Illustrierte Beilage „Sterne und Blumen".

Zeitung für das katholische Volk.

Nummer 117 | Montag, den 24. Mai 1915. | 28. Jahrgang.

Der Krieg mit Italien.

Die Kriegserklärung erfolgt!

Wien, 23. Mai. (K.-B.) Der italienische Botschafter Avarna überreichte heute nachmittags dem Minister des Aeußern Burian die Kriegserklärung, worin es heißt: Italien gab am 4. Mai der österr.-ungar. Regierung die schwerwiegenden Gründe bekannt, weshalb Italien im Vertrauen auf sein gutes Recht den Bundesvertrag mit Oesterreich-Ungarn, der von der österr.-ung. Regierung verletzt wurde, für nichtig und wir-

Am 23. Mai 1915 übergab der italienische Botschafter Avarna dem österreichischen Außenminister Burian die Kriegserklärung. Der folgenschwere Schritt Italiens, das zuvor mit Österreich-Ungarn im Dreibund vereint war, fand in der Presse ein großes Echo.

Mit Südtirol annektierte Italien rein deutsches Siedlungsgebiet. Damit verstießen die Siegermächte nicht nur gegen die *Vierzehn Punkte* des amerikanischen Präsidenten Wilson, der das Selbstbestimmungsrecht der Völker zur Grundlage einer künftigen dauerhaften Friedensordnung erklärt hatte. In Punkt 9 der Vierzehn Punkte wurde zudem ausdrücklich festgehalten, daß die zukünftige Grenze Italiens nach einer *klar erkennbaren Linie der Nationalität* verlaufen solle. Das konnte nur die Sprachgrenze an der Salurner Klause sein. Italien verleugnete mit der Annexion auch die Prinzipien seines Kampfes um die Einheit. Zu den *heiligen Gesetzen* des Risorgimento gehörte es, daß Volkstumsgrenzen und Staatsgrenzen zusammenfallen sollten. Kein Volksstamm dürfe gegen seinen Willen diesem Staate angehören.

Aber eines war die Theorie und ein anderes die staatspolitische Praxis. Tatsache war, daß am Ende des Ersten Weltkrieges nicht Grundsätze der politischen Moral die Politik der Siegermächte beherrschten, sondern die kaltschnäuzigen Praktiken eiskalter Machtpolitik. In Paris wurde 1919 nicht über den Frieden in Europa verhandelt, sondern von den Siegern wurde der sogenannte Friede diktiert. In dieser Perspektive war es nur logisch, daß den Südtirolern 1919 das Recht auf Selbstbestimmung verweigert und Italien nicht einmal zur Gewährung einer Autonomie verpflichtet wurde.

Die Habsburgermonarchie war mit dem Ende des Weltkrieges in sich zusammengebrochen, der neue Staat Österreich, der aus den Trümmern erstand, war wie ein politisches Findelkind, ohnmächtig und hilflos und in dieser Torso-Konstellation auch von vielen eigenen Bürgern nicht gewollt. In Saint Germain hatte Italien seine machtpolitischen Karten voll ins Spiel gebracht. Österreich konnte dem nichts entgegensetzen und mußte einen Frieden unterzeichnen, der diesen Namen nicht verdient hat. Bereits bei den Verhandlungen um den Waffenstillstand zwischen Österreich und Italien in den ersten Novembertagen des Jahres 1918 in der *Villa Giusti* in der Nähe von Padua kündigte sich die Götterdämmerung an.

Zeitenwende

Die dramatischen Tage in der Villa Giusti

Die Szene wirkt gespenstisch. Die Nacht hat ihre langen Schatten auf Berg und Tal gelegt. Ein kalter Wind fegt über die brachliegenden Felder. Im Windschatten eines Bahndammes findet die Begegnung statt. Eine Taschenlampe wirft ein dünnes Licht auf ein Blatt Papier. Dieses Papier ist ein amtliches Dokument – historisch vielleicht von großer Wirkung. Im Hintergrund – kilometerweit entfernt – dröhnt immer wieder das Donnern von Kanonen: tödliche Signale von

Die Villa Giusti in der Nähe von Padua (Aufnahme aus dem Jahre 1918)

General Weber von Webenau leitete die österreichisch-ungarische Delegation bei den Waffenstillstandsverhandlungen in der Villa Giusti.

feindlichen Gefechten zwischen österreichischen und italienischen Soldaten.

Es ist der 30. Oktober des Jahres 1918. In Europa tobt seit vier Jahren ein mörderischer Krieg. Unzählige Tote und Verletzte liegen auf den Schlachtfeldern, und Dutzende von Frontlinien trennen als feindliche Barrieren die Völker. Eine Front liegt im Trentino, sie zieht sich im Süden von Rovereto gegen Serravalle an der Etsch. Dort stehen sich österreichische und italienische Truppen als Feinde gegenüber, Alpini auf der italienischen Seite und Kaiserjäger auf der österreichischen.

Es ist 19.20 Uhr …

Die österreichische Frontlinie liegt direkt am Etschdamm. Es ist 19.20 Uhr. Zwei hohe österreichische Militärangehörige gehen zu Fuß den

Damm entlang: General Weber von Webenau und Oberst Karl Schneller, voraus schreitet ein Hornist, der die weiße Fahne trägt und unablässig den Generalmarsch bläst. Die Italiener auf der Südseite des Dammes beantworten diese Hornsignale mit dem italienischen Signal *Feuer einstellen.* Die Österreicher werden von mehreren starken Scheinwerfern angestrahlt. Sie marschieren gewissermaßen in den Lichtkegeln der italienischen Scheinwerfer. Plötzlich fallen Schüsse. Die Kugeln schlagen nur wenige Meter von den Österreichern entfernt ein. Es hätte eine Katastrophe werden können, aber zum Glück graben sich die Geschosse in die Erde.

Aus der italienischen Stellung nähert sich ein Offizier. Augusto Bergonzi salutiert mit pathetischer Geste und erklärt forsch: *Ich habe den Auftrag, niemanden über unsere Linien zu lassen. Ich kann nur eines tun: Euer Schreiben an unsere oberste Heeresleitung, das Comando Supremo, weiterleiten.* Darauf die Österreicher: *Wir sind keine gewöhnlichen Unterhändler, wir sind Abgesandte des österreichisch-ungarischen Oberkommandos und haben den Auftrag, Verhandlungen über den Abschluß eines Waffenstillstandes zu führen.*

Die Österreicher zeigen ihre Vollmachtschreiben. Der Alpinimajor, der deutsch versteht, zieht die Taschenlampe heraus und liest im dünnen Lichtkegel der Lampe die Vollmachten. Dann ersucht er zu warten. *Ich werde meinem vorgesetzten Kommando Meldung erstatten und weitere Weisungen werden folgen,* erklärt er.

Sehnsucht nach Frieden

General Weber von Webenau, Oberst Schneller und der Hornist müssen sich mit Geduld wappnen. Inzwischen ist es schon finstere Nacht geworden. Hinter den Bergen liegen irgendwo der Pasubio und der Col di Lana, wo in den vergangenen Wochen und Monaten erbittert und für beide Seiten verlustreich gekämpft worden ist. Und noch viel weiter entfernt – im Osten – fließen der Piave und der Isonzo, zwei Flüsse, die zum Schicksal für das Kriegsglück der österreichisch-ungarischen Truppen geworden sind. Nach anfänglichen Erfolgen mußten sie das Feld vor den Italienern räumen und ihre Truppen zurückziehen. Am Piave sah es in den vergangenen Wochen nicht mehr gut aus für die Soldaten der k. u. k. Monarchie. Tausende verbluteten in der Schlacht, in einem Krieg, der lange schon sinnlos geworden war. Ein ehrenvoller Waffenstillstand und dann ein ehrenvoller Friede – das ist die Sehnsucht von Tausenden und Abertausenden von Soldaten.

Über eine Stunde warten sie nun bereits, die drei k. u. k. Unterhändler, die Zeit kommt ihnen wie eine Ewigkeit vor. Da endlich bewegt sich etwas in der finsteren Nacht, der Schatten des italienischen Majors taucht aus der Dunkelheit auf. *Ich habe für Euch einen Passierschein, mit dem Ihr die Linien überschreiten dürft. Bitte folgt mir!*

Der Weg führt hinunter in tiefe Schützengräben, wo aufgeregte italienische Infanteristen lautstark durcheinanderschnattern, es werden Drahthindernisse überquert, und dann verbindet ein Leutnant den drei Österreichern die Augen. Das scheint bei der stockfinsteren Nacht zwar überflüssig, ist jedoch bei Unterhändlern eine übliche Vorsichtsmaßnahme. Nach einer guten halben Stunde – immer wieder müssen Laufgräben durchquert werden, die sich endlos hinzuziehen scheinen – wird den Österreichern im Lichtkegel greller Scheinwerfer die Binde von den Augen genommen. *Bitte einsteigen*, lautet jetzt die Order der Italiener. Einige Autos fahren vor und bringen die drei Unterhändler in das nahe gelegene Avio, wo in der Villa eines Grafen das Hauptquartier der 26. italienischen Infanteriedivision untergebracht ist.

»Wir wollen weiteres Blutvergießen vermeiden!«

Inzwischen ist es schon tiefe Nacht. Die Italiener kredenzen ein für Kriegszeiten fürstliches Abendessen und danach beginnen die Gespräche. General Weber von Webenau formuliert den Antrag der k. u. k. Monarchie: *Wir wollen weiteres Blutvergießen vermeiden und wünschen so rasch wie möglich zu einem Waffenstillstand zu kommen und dann zu einem ehrenhaften Frieden. Unser Wunsch ist es, lieber noch heute als morgen mit den Verhandlungen zur Einstellung aller Kampfhandlungen zu beginnen.*

Die Italiener scheinen es weniger eilig zu haben. Die Zeit arbeitet offensichtlich für sie. Mit jedem Tag können sie ihre Frontlinien weiter nach Norden vorschieben. Der italienische Generaloberst unterbricht immer wieder die Gespräche, entfernt sich aus dem Sitzungssaal und

Oberstleutnant Victor von Seiller war Mitglied und Dolmetscher der Kommission.

eilt zum Telefon. Er berät mit der obersten italienischen Heeresleitung, dem Comando Supremo. Die Gespräche ziehen sich bis weit über Mitternacht hin. Die Delegierten sind der Erschöpfung nahe. Endlich kommt die *erlösende* Botschaft. Um vier Uhr morgen trifft ein Telegramm des Comando Supremo ein. Die Österreicher erhalten die offizielle Erlaubnis, die italienischen Linien bei Serravalle zu überschreiten. Damit ist das Signal für den Beginn der Waffenstillstandsverhandlungen zwischen Italien und Österreich gegeben. Was werden die kommenden Tage bringen?

Es ist der 31. Oktober des Jahres 1918. Die Mitglieder der österreichisch-ungarischen Waffenstillstandskommission werden unter größter Geheimhaltung von Serravalle im Trentino in die Villa Giusti befördert. Die Limousine, in der sie reisen, ist verschlossen, keiner der italienischen Soldaten soll erfahren, daß die Verhandlungen über den Waffenstillstand unmittelbar bevorstehen. Die Villa Giusti liegt auf halbem Wege zwischen Padua und dem Kurort Abano. In diesem Gebäude, das einem italienischen Senator gehört, fallen in den Tagen zwischen dem 1. und 4. November die Würfel, welche die mitteleuropäische Landkarte verändern. Die politischen Weichen für die Zukunft Österreichs und Italiens werden neu gestellt.

Die k. u. k. Kommission trifft gegen 19 Uhr in der Villa Giusti ein. Die Herren der Delegation werden in dem altehrwürdigen Gebäude vortrefflich untergebracht. Vom Fenster aus blickt General von Weber, der die Kommission leitet, hinaus in den Park, in dem herbstlich vergilbte Blätter immer wieder leise von den Bäumen fallen. Die Jahreszeit erfüllt ihn mit Traurigkeit und Schmerz, noch dazu, wenn er an sein Vaterland denkt. Die vielen Völkerschaften der Habsburgermonarchie, die Italiener, die Tschechen, die Ungarn, slawische Völker, sie alle streben auseinander. Ein Riesenreich, das viele Jahrhunderte hindurch Weltgeschichte gestaltet hat, zerfällt. Hier in der Villa Giusti wird vermutlich der Schlußstrich unter eine lange geschichtliche Epoche gezogen werden. Ein schmerzlicher Schlußstrich, dann wird es noch den Friedensvertrag geben, der in Paris abgeschlossen wird.

Gespräche am runden Tisch

Die Österreicher möchten unverzüglich mit den Verhandlungen beginnen, aber die Italiener lassen sich Zeit, denn sie sitzen am längeren Hebel. Erst für 1. November um 9 Uhr ist die erste Sitzung anberaumt. Die Italiener erklären, sie müßten erst ein Fernschreiben aus Paris abwarten. In der französischen Hauptstadt hat der Interalliierte Militärrat seinen Sitz. Das ist die oberste Militärbehörde der Alliierten, der Franzosen, Engländer, Amerikaner und ihrer Verbündeten. Dieser Rat diktiert die Bedingungen auch für den Waffenstillstand zwischen Italien und der Habsburgermonarchie.

Am 1. November, knapp vor 9 Uhr, ertönen Hornsignale vor der Villa Giusti. Eine Kavallerieeskorte hält wenige Meter vor dem Eingangsportal. Mehr als ein halbes Dutzend italienischer Generäle salutiert. Die italienische Delegation trifft zur ersten Verhandlungssitzung in der Villa

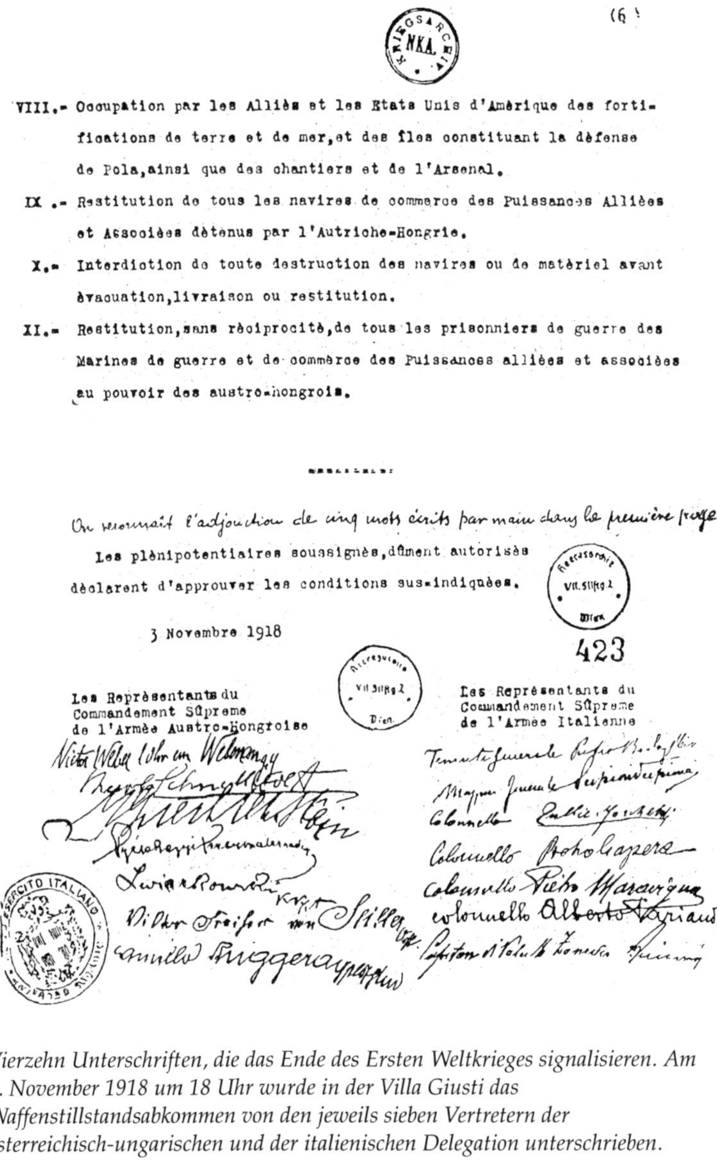

(6)

VIII.- Occupation par les Alliès et les Etats Unis d'Amèrique des fortifications de terre et de mer, et des îles constituant la dèfense de Pola, ainsi que des chantiers et de l'Arsenal.

IX .- Restitution de tous les navires de commerce des Puissances Alliées et Associèes dètenus par l'Autriche-Hongrie.

X.- Interdiction de toute destruction des navires ou de matèriel avant èvacuation, livraison ou restitution.

XI.- Restitution, sans rèciprocitè, de tous les prisonniers de guerre des Marines de guerre et de commèrce des Puissances alliées et associèes au pouvoir des austro-hongrois.

On reconnaît l'adjonction de cinq mots écrits par main dans la première page

Les plènipotentiaires soussignès, dûment autorisès dèclarent d'approuver les conditions sus-indiquèes.

3 Novembre 1918

423

Les Reprèsentants du Commandement Sûpreme de l'Armèe Austro-Hongroise

Les Reprèsentants du Commandement Sûpreme de l'Armèe Italienne

Vierzehn Unterschriften, die das Ende des Ersten Weltkrieges signalisieren. Am 3. November 1918 um 18 Uhr wurde in der Villa Giusti das Waffenstillstandsabkommen von den jeweils sieben Vertretern der österreichisch-ungarischen und der italienischen Delegation unterschrieben.

ein. In ihrem Gefolge ein Troß von Sekretären und Protokollbeamten. Es herrscht eine aufgeregt-feierliche Stimmung unter den Italienern.

Im Sitzungssaal nehmen Italiener und Österreicher an einem runden Tisch aus Mahagoniholz Platz. Generalleutnant Pietro Badoglio ist der Vorsitzende der italienischen Kommission. Ihm gegenüber sitzt General Weber von Webenau, der Chef der österreichisch-ungarischen Abordnung. Die beiden Herren tauschen kurze Grußbotschaften aus, dann setzt General Badoglio zu einer pathetischen Geste an und erklärt:

In der vergangenen Nacht ist der Text des interalliierten Militärrates aus Paris bei uns eingetroffen. Das Schriftstück, das in französischer Sprache abgefaßt ist, enthält die Bedingungen für den Waffenstillstand. Da der Text jedoch infolge technischer Störungen bei der Übermittlung in mehreren Teilen unklar ist, müssen wir das offizielle Dokument aus Paris abwarten. Es soll morgen nachmittag in Abano eintreffen. Ich will jedoch keine Zeit ungenutzt verstreichen lassen und stelle Ihnen den vorhandenen fehlerhaften Text für eine erste Durchsicht zur Verfügung.

General Badoglio reicht den Text General von Weber über den Tisch. Die Sitzung wird daraufhin unterbrochen.

Eiskalte Dusche

Hoffen und Bangen prägt die Gesichter der österreichischen Kommissionsmitglieder. Sie ziehen sich in einen Nebenraum zurück und beginnen mit dem Studium des Dokumentes. Der erste Eindruck ist niederschmetternd. *Das ist eine eiskalte Dusche*, erklärt General Weber von Webenau, *viel ärger als wir es uns vorgestellt haben, ein regelrechter Hammer.* Und der General, der die französische Sprache gut beherrscht, beginnt zu lesen und zu übersetzen: Räumung nicht nur der von den österreichischen Truppen damals besetzten italienischen Gebiete, sondern auch Räumung von Südtirol bis zum Brenner, dazu Görz, Triest, Istrien, Dalmatien, und dazu noch eine Reihe weiterer Forderungen. Die Österreicher sind wie gelähmt. *Und das soll die Grundlage für einen ehrenhaften Frieden sein*, fragt Oberst Victor von Seiller.

Die nächste Sitzung ist für 15 Uhr einberufen. Zwei k. u. k. Kommissionsmitglieder haben in der Zwischenzeit die Erlaubnis erhalten, hinter die italienischen Linien zurückzufahren, um die Oberste Heeresleitung in Wien über dieses Diktat zu informieren.

Zu Beginn der Nachmittagssitzung ersucht General von Weber General Badoglio, die Feindseligkeiten so rasch wie möglich zu beenden, um weiteres sinnloses Blutvergießen zu vermeiden. Aber der Italiener spielt wieder auf Verzögerung. *Die Waffenstillstandsbedingungen sind in Paris festgelegt worden*, bekräftigt er, *eine Diskussion über den Inhalt ist nicht zulässig*. Und was die Einstellung der militärischen Kampfhandlungen betrifft, sei das erst nach Abschluß des Waffenstillstandes möglich.

Aber, erwidert General von Weber, *im französischen Text ist doch die Rede von einer unmittelbaren Einstellung der Feindseligkeiten. Wie ist diese Formulierung zu verstehen. Das soll doch heißen, daß der Waffenstillstand sofort in Kraft tritt, wenn die vordersten Linien unserer Front informiert sind.*

General Badoglio widersetzt sich dieser Auffassung. Eine Information über den Waffenstillstand sei bei den k. u. k. Truppen, die sich auf dem Rückzug befänden, viel einfacher als bei den italienischen und alliierten Einheiten, die in der Offensive seien, erklärt Badoglio. Das hätte zur Folge, daß die Feindseligkeiten nicht gleichzeitig an beiden Fronten eingestellt werden könnten. Das könnte Vorteile für die österreichischen Truppen schaffen.

General Badoglio schlägt dann eine bestimmte Uhrzeit vor. Die Einstellung der Kämpfe könnte seiner Auffassung nach frühestens zwölf Stunden nach Unterzeichnung des Waffenstillstandes angeordnet werden. General von Weber bezeichnet diese Zeitspanne als viel zu lang. Badoglio beendet daraufhin diese Debatte und betont, daß dafür ohnedies nicht er, sondern der Interalliierte Militärrat in Paris zuständig sei.

Es ist der 2. November des Jahres 1918. Der Zeiger der Turmuhr an der Villa Giusti zeigt auf 15.45 Uhr. Der Leiter der österreichisch-ungarischen Kommission wird in die Kanzlei von General Badoglio gebeten. Der Italiener teilt General von Weber mit, daß am Nachmittag der französische Originaltext für die Waffenstillstandsbedingungen eingetroffen sei. Er überreicht General von Weber das Dokument und lädt für 21 Uhr zu einer weiteren Sitzung beider Delegationen ein.

In der Villa Giusti sind die Würfel gefallen: Am 7. November 1918 erreichten italienische Truppenverbände erstmals die Stadt Bozen.

Italienische Verzögerungstaktik

Die Abendsitzung beginnt mit den fast schon üblichen Begrüßungsformalitäten. General Badoglio ergreift dann als erster das Wort. Er erklärt, diese Sitzung habe ausschließlich den Zweck, über die Durchführung der einzelnen Klauseln zum Waffenstillstand zu reden, nicht jedoch über die Bedingungen an sich. Eine Abänderung dieser Bedingungen komme nicht in Frage und deswegen sei es auch sinnlos, darüber zu diskutieren.

Durchführung der einzelnen Klauseln: Das ist im Klartext vor allem die Frage, zu welchem Zeitpunkt die Feindseligkeiten gleichzeitig an beiden Fronten eingestellt würden. General Badoglio teilt den einschlägigen Beschluß des Interalliierten Militärrates in Paris mit. Der Beschluß enthält die Anordnung, daß die Waffen 24 Stunden nach Abschluß des Waffenstillstandes schweigen sollen. Die Österreicher drängen auf einen knapperen Termin. Sie erinnern General Badoglio an seine Zusage, daß die Kampfhandlungen bereits zwölf Stunden nach dem Waffenstillstand eingestellt werden sollen. Aber Badoglio läßt mit sich nicht reden. Er verweist auf die Entscheidung des Interalliierten Rates in Paris. *Die Würfel sind gefallen*, erklärt er kategorisch. Der italienische General kalkuliert weiterhin eiskalt mit dem Faktor Zeit.

General Weber bleibt nichts anderes übrig, als dieses Diktat endgültig anzunehmen. Die Aussichten auf einen Sieg seien gleich Null, und deswegen habe es keinen Sinn mehr, den Krieg fortzusetzen, argumentiert der General. In der Villa Giusti treffen immer wieder Meldungen ein, wonach bei den k. u. k. Truppen im Etschtal große Verwirrung herrsche. Die Soldaten seien schlecht versorgt und demoralisiert. General von Weber sieht sich deswegen zu konsequentem, bitterem Handeln gezwungen. Er will die Waffenstillstandsbedingungen annehmen. Auch die Oberste Heeresleitung in Wien ist damit einverstanden. Am 3. November um 15 Uhr treffen sich die beiden Kommissionen zur entscheidenden Sitzung. General von Weber verliest zu Beginn der Sitzung folgende Erklärung, die knapp vorher von der k. u. k. Kommission in deutscher und italienischer Sprache vorbereitet worden ist. Seine Stimme bebt vor Erregung, sein Gesichtsausdruck ist angespannt. Wörtlich erklärt der General:

Ich beehre mich mitzuteilen, daß mich das Armeekommando in Wien in den ersten Morgenstunden des 3. November ermächtigt hat, die Waffenstillstandsbedingungen anzunehmen, wie sie vom Alliierten Militärrat in Paris am 31. Oktober verfügt worden sind. Gleichzeitig teile ich mit, daß das k. u. k. Armeekommando den Truppen den Befehl erteilt hat, die Feindseligkeiten einzustellen. Hierauf überreicht General von Weber dem italienischen Kommissionschef Badoglio die Annahmeerklärung. Es ist ein Augenblick, in dem Geschichte geschrieben wird.

Der 4. November …

Es ist 15.15 Uhr. General Badoglio entfernt sich aus dem Sitzungssaal und eilt zum Telefon. Er übermittelt dem italienischen Oberkommando in Abano die Botschaft über die Vereinbarung zum Waffenstillstand. Gleichzeitig läßt Badoglio in Abano mitteilen, daß die Feindseligkeiten auf sämtlichen Kampffronten der alliierten Truppen gegenüber den k. u. k. Truppen am 4. November um 15 Uhr einzustellen sind.

Es wird ein kurze Pause vereinbart, dann wird die Sitzung weitergeführt. Die beiden Kommissionen beraten über Einzelheiten der Waffenstillstandsvereinbarung. General von Weber ergreift das Wort und ersucht neuerdings, daß auch die italienischen Truppen die Kampfhandlungen vor Ablauf der 24-Stunden-Frist einstellen mögen, zumal Wien den Befehl zur Feuereinstellung schon in der Nacht gegeben habe. Sollten die Italiener noch 24 Stunden weiterkämpfen, würden sich für sie daraus wegen des mangelnden Widerstandes große strategische Vorteile ergeben.

Gleich anschließend meldet sich der österreichische Kapitän von Zwierkowski zu Wort. Er erklärt klipp und klar, mit der 24-Stunden-Frist der Italiener unter keinen Umständen einverstanden zu sein. Er beruft sich auf die Depesche des Interalliierten Militärrates von Paris, in der von einer unmittelbaren Einstellung der Kämpfe die Rede sei. Der Kapitän erhält Unterstützung von drei weiteren k. u. k. Kommissionsmitgliedern. Alle vier erklären sich mit diesen Bedingungen nicht einverstanden und weisen jegliche Verantwortung für diesen Teil des Waffenstillstandes von sich.

»Jetzt ist es aber genug ...«

Im Sitzungssaal entsteht nun plötzlich eine sehr gespannte Atmosphäre. General Badoglio ist die Wut förmlich ins Gesicht geschrieben. Bleich vor Zorn springt er auf und schlägt mit der Faust auf den Tisch. Seine Stimme überschlägt sich: *Jetzt ist es aber genug. Unter solchen Umständen haben wir hier nichts mehr zu suchen*, erklärt er wutentbrannt. Und zu Oberst Gazzera gewendet ruft er: *Herr Oberst, gehen Sie sofort zum Telefon und annullieren Sie die vorher durchgegebene Mitteilung über die Einstellung der Feindseligkeiten. Die Kämpfe gehen weiter. Verständigen Sie Versailles, daß die erste Meldung ein Irrtum war und daß die Verhandlungen mit der österreichisch-ungarischen Waffenstillstandskommission nun endgültig gescheitert sind.*

General von Weber kann dem in italienischer Sprache geführten Wortwechsel nicht folgen, weil er kein Italienisch versteht. Aber er spürt die Spannung, die nun in der Luft liegt. Er ersucht Oberst Seiller, der Italienisch spricht, um nähere Erläuterungen. Der Oberst aber bedeutet ihm, daß jetzt keine Zeit zu langen Erklärungen sei. *Bitte lassen Sie mich reden*, sagt er. Oberst Seiller steht auf und wendet sich an General Badoglio: *Es handelt sich hier um einen verhängnisvollen Irrtum. Kapitän Zwierkowski hat die Frage der 24 Stunden lediglich von einem rein persönlichen Standpunkt aus beleuchten wollen. Das ändert grundsätzlich überhaupt nichts an den getroffenen Vereinbarungen. Entscheidend ist die Erklärung des Vorsitzenden der Kommission General von Weber, und der hat die Zustimmung zum Waffenstillstand gegeben.*

General von Weber, dem mittlerweile der Inhalt der Auseinandersetzungen erklärt worden ist, beteuert seinerseits, daß die im Vertrag enthaltene 24-Stunden-Frist angenommen sei. General Badoglio beruhigt sich wieder und läßt den noch am Telefonapparat beschäftigten Oberst Gazzera wieder zurückrufen.

Abzug von österreichischen Truppen durch das Pustertal (10./11. November 1918)

Die Meinungsverschiedenheiten innerhalb der österreichisch-ungarischen Kommission sind in höchstem Maße peinlich. Sie hängen mit einer überraschenden Entscheidung der Heeresleitung in Wien zusammen. Oberst Seiller, einer der direkt Beteiligten in der Villa Giusti, erinnert sich in einem Interview vierzig Jahre danach:

Wir haben das Armeekommando in Wien benachrichtigt, daß über den Zeitpunkt, wann an beiden Fronten die Waffen schweigen wollen, noch verhandelt wird. Die Heeresleitung in Wien hat dann in der Nacht vom 2. auf den 3. November einseitig die sofortige Einstellung der Kämpfe für die k. u. k. Truppen befohlen. Das war für uns völlig unverständlich. Als wir dann unter dem Diktat von General Badoglio die 24-Stunden-Frist akzeptieren mußten, hatten wir zunächst keine Ahnung, daß das Oberkommando diese strittige Frage einseitig gelöst hatte. Ich kann mir diese schwerwiegende Entscheidung in Wien nur mit der Verwirrung und mit der ungeheuren Hektik jener Tage erklären. Die österreichisch-ungarische Monarchie war Anfang November 1918 praktisch schon auseinandergebrochen. Besonders erschwerend, so Oberst Seiller weiter, sei für die Österreicher in der Villa Giusti gewesen, daß sie von dort aus nicht direkt nach Wien telefonieren konnten. *Es mußten Kommissionsmitglieder hinter die Frontlinien geschickt werden, um Kontakt mit Wien aufzunehmen. Das kostete sehr viel Zeit und verschlechterte unsere Verhandlungsposition sehr.*

Der Waffenstillstand tritt vereinbarungsgemäß 24 Stunden nach der Unterzeichnung in Kraft, also am 4. November um 15 Uhr. Diese Stunde bedeutet auch für die italienischen Truppen das Signal zur Einstellung der Kampfhandlungen. Allerdings wird jetzt Wirklichkeit, was die k. u. k. Kommission in der Villa Giusti befürchtet hat. Die Italiener können 24 Stunden lang weiter nach Norden vordringen, ohne auf Widerstand zu stoßen. Ihren Truppen fällt damit kampflos in die Hand, was sie in dreieinhalb Kriegsjahren bei allem Einsatz von Menschen und Material nicht erobern konnten. Auf diese Weise geraten auch rund 350.000 Soldaten der k. u. k. Monarchie, die sich auf dem Rückzug befinden, in Gefangenschaft. Sie leisten den italienischen Truppen keine Gegenwehr mehr.

Die k. u. k. Waffenstillstandskommission verläßt am 7. November um 17.45 Uhr die Villa Giusti. General von Weber und seine Begleiter werden über Padua nach Mailand und dann über die Schweiz nach

Die Südtiroler Gemeinden an Wilson im Februar 1919

Die Tiroler Wasserscheiden waren niemals Staats-, niemals Volksgrenzen.

Die Sprachgrenze in Tirol ist scharf gezogen, wie sie sich kaum noch ein zweitesmal in Europa findet.

Wenn der Wille eines Volkes für seine Freiheit und Unabhängigkeit entscheidend ist, gibt es dann eine glühendere Sprache, eine feierlichere Willenserklärung als jene, die das Tiroler Volk mit den Waffen in der Hand gesprochen, mit seinem eigenen Blute geschrieben hat?

Und nun soll unsere deutsche Heimat mit ihrer tausendjährigen Kultur und Geschichte, dieses Volk mit seinem angestammten Freiheitssinn italienisch werden? Ein einziger Aufschrei tiefsten Schmerzes durchhallt bei diesem Gedanken das ganze Land! Es kann, es darf nicht sein, daß man den Namen Tirol nach einer tausendjährigen glänzenden Vergangenheit aus der Geschichte löscht, die freien Söhne dieses Berglandes unter fremdes Joch zwingt und ihnen ihre Sprache, ihre Art und Kultur raubt.

Seien Sie unserem Volkstum, unserem Lande der gerechte Richter, und das Volk von Deutsch-Südtirol wird Ihren Namen von Geschlecht zu Geschlecht vererben als den des Retters unserer Heimat. Darum bitten sämtliche Gemeinden Deutsch-Südtirols und die zwölf ladinischen Gemeinden von Gröden, Enneberg, Buchenstein und Fassa.

Deutsch-Südtirol, im Februar 1919

Dr. Julius Perathoner
Bürgermeister von Bozen

Josef Gemaßmer
Bürgermeister von Meran

und sämtliche übrigen Bürgermeister von Südtirol

Im Februar 1919 appellierten die Gemeinden Südtirols an den amerikanischen Präsidenten Wilson, die Annexion Südtirols durch Italien zu verhindern.

Feldkirch in Vorarlberg befördert. Am 11. November treffen die Mitglieder der Kommission in Wien ein. General von Webers Kokarde auf der Offizierskappe trägt noch den Namenszug des Kaisers. Er muß auf Anordnung des Bahnhofskommandos sofort entfernt werden. Wien hat sich verändert, aber nicht nur Wien. In Mitteleuropa – und damit auch in *Südtirol* – gehen die Uhren seit jenen dramatischen Novembertagen des Jahres 1918 anders.

Südtiroler! Mit dem heutigen Tage ist die Einverleibung Südtirols in das Königreich Italien vollzogene Tatsache. Damit ist das alte Land Tirol in zwei Teile zerrissen. Südtirol ist das Opfer des Friedensvertrages geworden, der uns trotz des feierlich verkündeten Selbstbestimmungsrechtes von unseren Volksgenossen losreißt. Italien hat durch die Einverleibung anderssprachiger Volksteile ebenso wie die verbündeten Staaten bewiesen, daß es die Zeichen der Zeit noch nicht versteht und sich nicht vom Geiste der Gerechtigkeit leiten läßt.

Die Bevölkerung Südtirols erhebt am heutigen Tage die Stimme des schärfsten Protestes gegen diesen Faustschlag, der gegen Recht, Freiheit und Friedenssehnsucht der Völker geführt wird. Wir Südtiroler haben die unerschütterliche Hoffnung, daß der Tag kommen wird, an welchem uns Gerechtigkeit und weitschauende Politik die nationale Befreiung bringen werden.

Südtiroler! Aufrecht wollen wir den heutigen Tag über uns ergehen lassen! Wir fordern euch auf, jede Ungesetzlichkeit zu vermeiden und mit Ruhe und Würde das Schicksal zu ertragen.

Südtirol, 10. Oktober 1920.

Die Tiroler Volkspartei.
Die deutschfreiheitliche Volkspartei in Südtirol.
Die sozialdemokratische Partei in Südtirol.

Die Folgen des Friedensvertrages von Saint Germain: Südtirol kam zu Italien. Die Annexion wurde am 10. Oktober 1920 völkerrechtlich wirksam. Die Parteien erließen einen Aufruf, in dem sie gegen diesen »Faustschlag« schärfstens protestierten, gleichzeitig aber die Bevölkerung aufriefen, das Schicksal mit »Ruhe und Würde zu ertragen«.

Ettore Tolomei, der faschistische Senator, der Südtirol italienisieren wollte

Das Programm der 32 Maßnahmen

To-lo-mei, To-lo-mei, To-lo-mei – Tolomei, immer wieder Tolomei skandieren die Menschen im Saal, zwischendurch brandet Beifall auf, und dann wieder der Ruf Tolomei, Tolomei, Tolomei …

Der Saal ist mit faschistischen Emblemen geschmückt, vorne auf der Bühne ist die Trikolore aufgepflanzt. Dann erklingen die ersten Takte der faschistischen Hymne Giovinezza … Alle stehen auf. Tolomei streckt die Arme zum faschistischen Gruß und stimmt selbst in den Chor der Giovinezza ein – und mit ihm alle Schwarzhemden im Saal.

Ettore Tolomei ist der große Star an jenem denkwürdigen 15. Juli des Jahres 1923 im Bozner Stadttheater. Alles, was unter den Faschisten in Bozen Rang und Namen hat, gibt ihm die Ehre: der Präfekt als oberster Vertreter der Regierung in Rom, militärische Obrigkeiten, faschistische Sekretäre aus Stadt und Land, viel faschistisches Fußvolk und sogar von Trient sind mehrere Züge gekommen, um den großen Tag von Ettore Tolomei mitzuerleben.

Die faschistische Hymne ist verklungen und Tolomei steigt auf die Bühne zum Rednerpult. Noch einmal braust Beifall durch den Saal. Tolomei beginnt seine Rede:

Faschistische Kameraden! Wir stehen am Beginn einer neuen Zeit. In Bozen beginnt heute das Zeitalter des Faschismus. Mussolini unser großer Führer ist im Geiste mit uns. Mit großem Interesse verfolgt der Duce die nationale Entwicklung. Die Geschichte des Alto Adige wird für alle Zukunft den Stempel des Faschismus tragen.

Dann verkündet Tolomei ein Programm, an dem er in den vergan-

Ettore Tolomei, der Mann, »der die raffiniertesten Methoden ersann, um die nationalen Minderheiten in Italien zu peinigen«.
Gaetano Salvemini

genen Monaten leidenschaftlich gearbeitet hat. Es ist das Programm zur Italienisierung von Südtirol.

Das Programm enthält 32 Maßnahmen. Es betrifft alle Bereiche des öffentlichen Lebens:

- Der Name Südtirol wird verboten.
- Die deutschen Schulen werden aufgelöst.
- Deutsche Parteien werden verboten.
- Deutsche Beamte werden entlassen oder in italienische Provinzen versetzt.
- In den öffentlichen Ämtern darf nur mehr italienisch gesprochen werden.
- Die deutschen Ortsnamen werden italienisiert, ebenso die deutschen Straßen- und Wegebezeichnungen.

- Auch deutsche Familiennamen sollen italienisiert werden.
- Die deutschen Zeitungen werden verboten.

Tolomei nennt die 32 Maßnahmen ein Programm in Aktion, für das ihm Mussolini die Unterstützung der faschistischen Regierung in Rom bereits zugesichert hat. Mussolini wörtlich: *Es ist nicht nur das Programm von Ettore Tolomei, es ist auch das Programm des Duce.*

Tolomei wird nach der Beendigung der Veranstaltung im Bozner Stadttheater wie im Triumphzug aus dem Saal begleitet. Unzählige Schwarzhemden recken ihre Hände nach ihm, wollen ihn berühren. Draußen vor dem Saal ein Meer von Trikolore-Fahnen und immer wieder Jubel – für einen Mann, der die Italienisierung der Südtiroler zu seinem Lebenswerk gemacht hat.

Unheilvolle Botschaft

Den Südtirolern schwant an diesem Sonntag nichts Gutes. Als sich am Abend des 15. Juli über dem Bozner Talkessel düstere Gewitterwolken zusammenballen – mit Blitz, Donner und Hagelschlag –, ist es, als ob die Botschaft ihnen gelte, eine unheilvolle Botschaft.

Für die Südtiroler hat sich in wenigen Jahren eine Welt verändert. Fünf Jahre zuvor war ihr Land noch Teil der Habsburgermonarchie, dann wurde in Saint Germain zwischen Italien und Österreich der Friedensvertrag abgeschlossen, mit dem Südtirol zu Italien kam. Am 28. Oktober 1922 marschierte *Mussolini* mit seinen Schwarzhemden auf Rom und errichtete die faschistische Herrschaft in Italien. Vier Wochen zuvor stürmten Faschisten das Bozner Rathaus und setzten den deutschen Bürgermeister *Julius Perathoner* gewaltsam ab. Und jetzt die Brandrede von Ettore Tolomei im Bozner Stadttheater.

Der Südtiroler Abgeordnete Eduard Reut-Nicolussi hat den Kampf zwischen Faschisten und Südtirolern mit folgenden Worten gekennzeichnet:

Es wird jetzt in Südtirol ein Verzweiflungskampf beginnen um jeden Bauernhof, um jedes Stadthaus, um jeden Weingarten. Es wird ein Kampf sein mit allen Waffen des Geistes und mit allen Mitteln der Politik. Es wird ein Verzweiflungskampf deshalb, weil wir – eine Viertelmillion Deutsche – gegen vierzig Millionen Italiener stehen, wahrhaft ein ungleicher Kampf.

Im Stadttheater von Bozen (in der Nähe des heutigen Busbahnhofes gelegen, am Ende des Zweiten Weltkrieges zerbombt) verkündete Tolomei am 15. Juli 1923 seine berüchtigten »Maßnahmen für das Oberetsch«.

Ettore Tolomei ist in Südtirol der faschistische Bannerträger in diesem ungleichen Kampf. Der italienische Historiker Gaetano Salvemini sagt von ihm:

Es ist ein Mann, der die raffiniertesten Methoden erfunden hat, um die Südtiroler Minderheit zu quälen.

Am Abend des 15. Juli hat Ettore Tolomei in sein Haus in Glen oberhalb von Montan politische Freunde eingeladen. In diesem Haus wohnt Tolomei seit dem Jahre 1906. Um sich geschart hat er eine Kerntruppe jener Faschisten aus Bozen, die mit eiserner Faust sein Italienisierungsprogramm in Südtirol durchsetzen wollen. Tolomei ist froher Stimmung, mit dem Verlauf der Veranstaltung in Bozen mehr als zufrieden. Der 15. Juli geht in die Geschichte ein, sagt Tolomei. Die Freunde lassen Tolomei hochleben und schwören ihm Treue im weiteren Kampf gegen die Deutschen in Südtirol.

Der Duce ernannte Tolomei wegen seiner Verdienste für die Italienisierung des Oberetsch zum Senator auf Lebenszeit.

Wer ist dieser Ettore Tolomei?

Geboren wird er im Jahr 1865 in Rovereto, wo er auch aufgewachsen ist. Rovereto war damals – im Jahr 1865 – noch bei Habsburg. In der Schule erfährt Ettore von den Heldentaten eines Giuseppe Garibaldi, von seinem Zug der Tausend, mit dem er einen Meilenstein zur Einigung Italiens setzte.

Ich will der Garibaldi des Alto Adige werden, schwört Tolomei. Als Gymnasiast spürt er schon den Geist der Irredenta wie ein lebendiges Feuer in seiner Brust. Er beginnt in Zeitungen und Zeitschriften politische Artikel gegen Österreich zu schreiben, die den Argwohn der österreichischen Behörden erwecken. Tolomei verläßt deswegen öfters

Die Faschisten wollten jenen Teil Tirols namenlos machen, in dem das Stammschloß steht und das dem Land zwischen Kufstein und Salurn den Namen gegeben hat. Am 7. August 1923 erließ der faschistische Präfekt von Bozen, Giuseppe Guadagnini, ein Dekret, mit dem alle mit dem Namen Tirol zusammenhängenden Bezeichnungen verboten wurden.

Zu den »Maßnahmen« Tolomeis gehörte auch die Italienisierung der historisch gewachsenen deutschen Orts- und Flurnamen. Aus Lengstein wurde Longostagno.

das Trentino und wirbt in Rom für seine Ideen. *Für mich war damals klar: Die Grenze Italiens muß am Brenner liegen*, bekräftigt Tolomei.

Dieses Ziel hat Tolomei auch im Visier, als er im Jahr 1904 mit Freunden eine Bergtour im hintersten Ahrntal unternimmt. Er peilt die Besteigung eines hohen Berges an der Grenze zwischen Tirol und Salzburg an. Es ist der 2912 Meter hohe Glockenkarkopf, der im Sommer 1894 erstmals vom österreichischen Alpinisten Fritz Kögel bestiegen worden ist. Tolomei reklamiert die Erstbesteigung für sich und meißelt den Namen *Italia* in den Felsen ein. Damit will er den Berg symbolisch für Italien in Besitz nehmen. Er tauft den Glockenkarkopf in *Vetta d'Italia* um – eine Bezeichnung, die sich bis heute erhalten hat. Die Vetta d'Italia ist für Tolomei der äußerste Punkt im Norden, auf dem einmal die Flagge Italiens wehen soll. Sich dafür mit aller Kraft einzusetzen und dabei keine Mittel zu scheuen, gehört zum politischen Ziel von Tolomei.

Tolomeis »Archivio«

Im Jahr 1906 gründet Tolomei in Trient das *Archivio per l'Alto Adige*. Es ist dies eine Zeitschrift, in der Tolomei immer wieder Artikel veröffentlicht, mit denen er den Anspruch Italiens auf Südtirol zu beweisen versucht.

– Im Archivio entwickelt Tolomei die sogenannte Wasserscheiden-Theorie. Nach dieser Theorie muß die Grenze zwischen Italien und

Österreich am Brenner liegen, weil dort auch die Wasserscheide zwischen Mittelmeer und Schwarzem Meer liegt. Diese Grenze ist von Gott gewollt, behauptet er.

- Im Archivio beginnt Tolomei mit der Übersetzung von deutschen Orts- und Flurnamen ins Italienische.
- Im Archivio will Tolomei später die Italienisierung der deutschen Familiennamen vorantreiben.
- Im Archivio versucht Tolomei, weite Teile Südtirols als gemischtsprachiges Gebiet hinzustellen, um die spätere faschistische Politik der Italienisierung zu rechtfertigen.

Was Tolomei am 15. Juli 1923 im Stadttheater von Bozen unter dem frenetischen Beifall seiner Anhänger verkündet hat, ist im *Archivio per*

Dal «Registro dei cognomi» di Tolomei

310 LA RESTITUZIONE DEL COGNOME ATESINO

COGNOME	COMUNE	DOCUMENTAZIONE	OSSERVAZIONI	FORMA RESTITUITA
Gross	Glorenza, Lagundo, Scena, Sarentino, Renòn, S. Genesio A.,	—	—	Grossi, Grandi
Grosser	Parcines, Silandro	—	—	Grossi
Grossrubatscher	Badia, Lana, Castelrotto, Falzes, Brunico, Santa Cristina, Ortisei, Marebbe	—	—	Granroazza, Granruáz, Granrovacci, Granrovazzi
Grossteiner	Telves, Silandro, Vipiteno	—	—	Pietragrande, Gransasso
Gruber	Vallas, Maranza, Mezzaselva, Fleres, S. Candido, Monguelfo, Chiusa, Lana, Lasa, Caldaro, Sesto, Làces, Castelbello, Ciardes, Càines, Gargazzone, Postàl, Verano, Dobbiaco, Prato a S., Senales, Avelengo, Tirolo, Nalles, Tesino, Lagundo, Naturno, Cèrmes, Appiano, Parcines, S. Leonardo, S., Scena, Varna, Sarentino, Barbiano, Renòn, S. Genesio A. Campo di Trens, Laiòn, Nova Ponente, Naz-Sciavez, Ultimo, Villandro, Campo Tures	—	—	Dalla' Fossa, Dallafossa
Grumer	Laives, Meltina	—	—	Dal Grumo
Grumser	Laives, Dobbiaco, Màlles	—	—	Dai Grumi
Grünauer	Cèrmes, Malles, Parcines, Brunico, Ortisei	—	—	Verdi
Grünbacher	Cèrmes, Vandoies, Falzes, Chienes, Terento	—	— —	Riverdi, Rioverde

Auch die Italienisierung der deutschen Familiennamen gehörte zum Programm der Faschisten. Aus »Gruber« sollte »Dallafossa« werden.

Eine protzige Machtdemonstration: Faschistische Schwarzhemden bei einer Parade auf dem Corso 9 Maggio, der heutigen Freiheitsstraße, in Bozen.

l'Alto Adige lange zuvor schon publiziert worden. Es ist – mit einem Satz – in dieser Zeitschrift all jene politische Leidenschaft konzentriert, mit der Tolomei den fanatischen Kampf gegen die Deutschen in Südtirol vierzig Jahre lang geführt hat.

Auch bei der Friedenskonferenz in Saint Germain spielt Tolomei hinter den Kulissen eine bedeutende Rolle. Seine große Sorge ist, die Siegermächte könnten in Südtirol eine Volksabstimmung zulassen. Tolomei weiß: Bei einer Volksabstimmung würde sich die Bevölkerung mit großer Mehrheit für den Verbleib bei Österreich aussprechen. Das muß unter allen Umständen verhindert werden, fordert Tolomei. Im April 1919 reist er deswegen in die französische Hauptstadt, um die italienische Friedensdelegation als Experte des *Alto Adige* zu beraten. Dem italienischen Verhandlungsführer Orlando gibt er gewissermaßen Nachhilfeunterricht in Sachen Südtirol.

Dieser politische Nachhilfeunterricht enthält folgende Kernpunkte:

- In Südtirol darf unter keinen Umständen eine Volksabstimmung zugelassen werden.
- Für Südtirol darf es keinen internationalen Minderheitenschutz geben, wenn das Land zu Italien kommt.
- Den Südtirolern darf unter keinen Umständen eine Autonomie gewährt werden.

Vater der Brennergrenze

Die italienische Delegation in Paris hat ihr Ziel erreicht. Als am 10. September 1919 in Saint Germain der Friedensvertrag unterzeichnet wird, kommt Südtirol zu Italien – gegen den Willen der Bevölkerung. Von Autonomie und von einem internationalen Minderheitenschutz ist im Vertrag keine Rede.

Tolomei kann für sich einen großen politischen Erfolg buchen. In seinem Archivio präsentiert er sich als *Vater der Brennergrenze.*

Aber Tolomeis große Stunde hat noch nicht geschlagen. Sie schlägt, als Mussolini im Oktober 1922 die Macht in Italien ergreift. Der Duce erinnert sich an die Verdienste Tolomeis in Paris und ernennt ihn am 1. März 1923 zum Senator auf Lebenszeit. Damit ist es klar:

»Ubi Rex, ibi Lex – ubi Dux, ibi Lux«: faschistisches Transparent am Rathaus von Brixen

Für Ettore Tolomei war der Minnesänger Walther von der Vogelweide ein »Eindringling«, der in Südtirol nichts zu suchen hatte. Deswegen mußte seine Statue vom Hauptplatz in Bozen entfernt werden. Die Skulptur wurde im März 1935 in einen abgelegenen Park verfrachtet. Der Münchner »Simplicissimus« kommentierte den Abtransport mit einer beredten Karikatur.

Südtiroler Musikkapellen waren den Faschisten ein Dorn im Auge. Das Bild zeigt faschistische Schläger, welche die »Nachhut« der Musikkapelle Andrian verfolgen. Aufnahme vom großen Trachtenumzug am 24. April 1921 in Bozen. Bei diesem Umzug wurde der Marlinger Lehrer Franz Innerhofer von faschistischen Schlägertrupps erschossen.

Tolomei, dem Senator, stehen in Rom alle Türen offen. Für den Kampf gegen die Deutschen in Südtirol hätte er sich bessere Voraussetzungen nicht wünschen können.

Wie sich Tolomei Arm in Arm mit den Faschisten den Kampf gegen die Deutschen in Südtirol vorstellt, verkündet er am 15. Juli im Bozner Stadttheater.

Tolomeis Programm – auf einen einzigen Nenner gebracht – lautet: Die Südtiroler müssen zu Italienern werden. Südlich des Brenners darf es in wenigen Jahrzehnten keine Deutschen mehr geben. Und damit sie immer wieder sehen, wie ernst es die faschistische Regierung in Rom mit der Italienisierung meint, wird in Bozen ein Siegesdenkmal gebaut. Tolomei ist voll des Lobes über die Errichtung eines großen Denkmals an der Talferbrücke. Das Siegesdenkmal symbolisiert die von Tolomei und seinen Gesinnungsgenossen geforderte Italianità Südtirols. Tolomei leistet in einer Bausteinaktion auch seinen finanziellen Beitrag dazu.

Eine neue Strategie – Bozen im Visier

Südtirol muß italienisch werden – oder besser gesagt: Die Südtiroler müssen Italiener werden! Tolomei ist optimistisch und glaubt, dieses Ziel mit Gewalt zu erreichen.

Nach rund zehn Jahren faschistischer Italienisierungspolitik zieht er in seiner Zeitschrift *Archivio per l'Alto Adige* Bilanz. Die Bilanz fällt recht nüchtern aus und ist für Tolomei gar nicht befriedigend.

Wörtlich stellt er in seinem Archivio fest:

Wenn wir auf diesem Wege fortschreiten, werden im Alto Adige auch in hundert Jahren noch viele Deutsche wohnen. Wenn wir unser Ziel erreichen wollen, müssen wir unsere Politik ändern.

Anfang der dreißiger Jahre schlägt die faschistische Südtirolpolitik einen neuen Kurs ein. Tolomei ist maßgeblich an der neuen Marschlinie beteiligt. Im Mittelpunkt dieser Politik steht Bozen. Bozen hat damals rund vierzigtausend Einwohner, die Mehrheit davon sind Deutsche.

Tolomei fordert: *Bozen muß eine Stadt mit hunderttausend Einwohnern werden, natürlich italienischen Einwohnern.*

Aber wie soll Bozen innerhalb kurzer Zeit eine Stadt mit hunderttausend Einwohnern werden? fragen die politischen Freunde von Ettore Tolomei. Die Antwort des faschistischen Senators: Durch massive Zuwanderung von Italienern aus den südlichen Regionen!

Das ist der politische Hintergrund für die Errichtung eines riesigen Industriegebietes im Süden der Stadt Bozen.

An einem Sommertag des Jahres 1935 fahren im Grutzen und in der Kaiserau die Planierraupen auf. Unbarmherzig fressen sich die Ungetümer in die Obstgärten. Mit ohnmächtiger Wut müssen die Bauern tatenlos zusehen, wie ihnen die Faschisten den wirtschaftlichen Boden unter den Füßen wegziehen. Die vom Staat zur Verfügung gestellten Entschädigungssummen sind lächerlich gering. Den Bauern wird nicht einmal mehr die notwendige Zeit gewährt, um die fast reife Ernte einbringen zu können.

Mussolini und Tolomei können nicht warten: *Bozen muß eine Stadt mit hunderttausend Einwohnern werden.* Damit die zugewanderten Italiener Arbeit bekommen und ihr Brot verdienen, darf bei der Errichtung des Industriegebietes keine Zeit verlorengehen.

Im Südwesten der Stadt werden gleichzeitig mit dem Bau des Industriegebietes neue Wohnviertel mit Schulen, Kirchen und sozialen Einrichtungen aus dem Boden gestampft. Es ist die neue Heimat der Zuwanderer.

Im Spätsommer des Jahres 1935 ließen die Faschisten am Grutzen im Süden von Bozen die Planierraupen auffahren. Tolomei triumphierte, die »Industriezone« war in Sicht. Den Südtiroler Bauern, denen man aus politischen Gründen ein Stück Heimat unter den Füßen weggezogen hatte, war zum Weinen. Die Entschädigungssummen waren lächerlich gering. Bozen war auf dem Weg zu einer Stadt mit hunderttausend Einwohnern.

Mit dem Beginn des Fertigungsprozesses in der Industriezone beginnt auch die Welle der italienischen Zuwanderer zu rollen. Rund viertausend sind es im Jahr 1936, fast achttausend im Jahr 1937. Bozen ist auf dem Wege zur Großstadt und verändert sein Antlitz. Für Tolomei ist die Zuwanderung ein entscheidender Schritt vorwärts auf dem Wege zur totalen Italienisierung von Südtirol.

Die Umsiedlung – »etwas Wunderbares«

Tolomei hat Ende der dreißiger Jahre noch eine weitere Trumpfkarte in der Hand. Diese Trumpfkarte wird von Hitler und Mussolini ins politische Spiel gebracht. Es ist die im Jahr 1939 geplante Umsiedlung der Südtiroler ins Deutsche Reich. Als Option ist diese Umsiedlung in die Geschichte eingegangen. Tolomei erinnert sich, was ihm schon im Jahr 1914 ein enger Mitarbeiter empfohlen hat. Damals war Südtirol noch bei Österreich:

Auch in die kleineren Ortschaften wollte Tolomei den »Geist« des Faschismus tragen. Im Bild das »Fascio-Haus« in Mals bei der Einweihung.

Der Mitarbeiter Tolomeis heißt Adrian Colocci-Vespucci. Der hat kurz vor Ausbruch des Ersten Weltkrieges an Tolomei geschrieben:

Der beste Weg für die Lösung des Minderheitenproblems im Alto Adige ist die Austreibung der Deutschen.

Tolomei ist von Hitler begeistert, weil er zusammen mit Mussolini das Südtirolproblem auf diese radikale Weise endgültig lösen will. Das hat Hitler Tolomei bereits im August 1928 in einem persönlichen Gespräch in München versichert. Hitler hat damals erklärt: Italien ist der natürliche Bündnispartner von Deutschland. Südtirol darf bei dem geplanten Schulterschluß zwischen Faschisten und Nationalsozialisten kein Hemmschuh sein. Deswegen muß das Südtirolproblem gelöst werden – durch die Aussiedlung der Südtiroler.

Für Tolomei scheint sich damit ein Wunschtraum zu erfüllen. im Jahr 1939 notiert er in seinem Archivio:

Der Vertrag zwischen Rom und Berlin über die Umsiedlung der Südtiroler ins Deutsche Reich ist etwas Wunderbares – die größte Sache, die seit Ende des Ersten Weltkrieges für die Italienisierung des Alto Adige unternommen wurde.

»Dieses Land muß italienisch werden«

Die Schule in Südtirol zur Zeit des Faschismus

Es ist der 12. Juli 1928. Das offizielle Bozen rüstet zum politischen Festtag. Gäste aus allen italienischen Provinzen sind in die Stadt gekommen. Auch der italienische König Viktor Emanuel III. gibt der Stadt die Ehre, er wird begleitet von Ministern und hohen Beamten der Regierung. Auf dem Programm steht die Einweihung eines Denkmals, des *Siegesdenkmals*. Es wurde nach dem Modell römischer Triumphbögen am westlichen Ende der Talferbrücke errichtet, in der Rekordzeit von zwei Jahren und just an der Stelle, an welcher 1917 mit dem Bau eines Denkmals für die im Krieg gefallenen Kaiserjäger begonnen worden war. Das Denkmal blickt an seiner Stirnseite gegen den Schlern und den Rosengarten. An jenem 12. Juli 1928 marschieren faschistische Milizen in Schwarzhemden durch die Stadt. Musikkapellen spielen die Marcia reale, den Königsmarsch, und die Giovinezza, die faschistische Hymne.

Mit dem *Siegesdenkmal* wollten die faschistischen Machthaber in Bozen und Rom auf den Sieg der italienischen Truppen gegen die österreichische Armee im Ersten Weltkrieg hinweisen. Soldaten beider Länder hatten vor allem an der Dolomitenfront erbittert gegeneinander gekämpft. Der Krieg ging zugunsten Italiens und seiner Verbündeten aus. Im Friedensvertrag von Saint Germain (1919) erhielten die Italiener als Kriegsbeute auch Südtirol, das nun vom Brenner bis Salurn und von Innichen bis zum Reschen Italien einverleibt wurde – gegen den Willen der deutschsprachigen Bevölkerung, die damals rund 95 Prozent ausmachte.

»Die Kultur vermittelt ...«

Aber nicht nur der militärische Sieg im Ersten Weltkrieg sollte mit dem *Siegesdenkmal* gefeiert werden. Absicht der Faschisten war es damals auch, die Überlegenheit der italienischen Kultur gegenüber der deutschen in Südtirol für alle sichtbar darzustellen. Auf der Stirnseite des »Denkmals« wurde die Inschrift angebracht: *Hinc ceteros excoluimus lingua, legibus, artibus.* Zu Deutsch: *Von hier aus haben wir den anderen die Sprache, die Gesetze und die Künste vermittelt.* Die anderen: Das waren vor allem die Südtiroler, die nach Meinung der Faschisten mit der italienischen Kultur vertraut gemacht werden mußten. Im Klartext bedeutete dies: Sie sollten italienisiert werden.

Wortführer der faschistischen Italienisierungspolitik in Südtirol war Ettore Tolomei. Von Benito Mussolini 1923 zum Senator auf Lebenszeit ernannt, war er der Handlanger par excellance des Duce, wenn es um die Italienisierung Südtirols ging. Besonderes Augenmerk legte Tolomei auf die Italienisierung der deutschen Schule. Er war der Überzeugung: Ist die Schule italienisch, dann kann es bis zur Italienisierung von ganz Südtirol nicht mehr lange dauern. Natürlich konnte Tolomei die Auflösung der deutschen Schulen und die Einführung von Italienisch als alleiniger Unterrichtssprache nicht einfach verfügen. Dazu brauchte er die Hilfe des damaligen Unterrichtsministers *Giovanni Gentile.*

Gentile arbeitete ein Gesetz aus, das am 23. Oktober 1923 in ganz Italien in Kraft trat. Der Artikel 17 dieses Gesetzes nahm ausdrücklich auf Südtirol Bezug. Wörtlich heißt es darin u. a.: *Mit Beginn des Schuljahres 1923/24 wird in allen Klassen der fremdsprachigen Volksschule der Unterricht in der italienischen Sprache erteilt. Im Schuljahr 1924/25 wird auch in der zweiten Klasse dieser Schule der Unterricht in italienischer Sprache erteilt werden. In den kommenden Jahren wird in den folgenden Klassen gleichartig vorgegangen, so daß in einer Anzahl von Jahren, die gleich jener der Schulklassen ist, in allen Volksschulen italienisch unterrichtet wird.*

»Todesurteil«

Dieses Gesetz bedeutete, daß ab dem Schuljahr 1923/24 in den ersten Klassen der Volksschulen in Südtirol nur mehr Italienisch als Unterrichtssprache verwendet werden durfte und daß es im Laufe von fünf Jahren in Südtirol keine deutschen Volksschulen mehr gab. Das war das *Todesurteil* für die deutsche Schule in Südtirol. Zwar durfte der

Das faschistische Siegesdenkmal in Bozen – ein Symbol dafür, daß »dieses Land italienisch werden muß«. An der Stirnseite trägt es die Inschrift: Hinc ceteros excoluimus lingua legibus artibus. (Von hier aus haben wir den anderen die Sprache, die Gesetze und die Kultur vermittelt.)

Das Fundament des 1917 begonnenen Kaiserjägerdenkmals in Bozen. Genau an dieser Stelle begannen die Faschisten 1926 mit dem Bau des Siegesdenkmals. Das Denkmal wurde zwei Jahre später vollendet und am 12. Juli 1928 vom Trienter Fürstbischof Celestino Endrici gesegnet.

Deutschunterricht zunächst noch in sogenannten *Anhangstunden* abgehalten werden – das waren Stunden, die an den offiziellen Stundenplan angehängt werden konnten. Aber bald wurde auch dieser Deutschunterricht verboten.

Das Gesetz von Unterrichtsminister Giovanni Gentile betraf in Südtirol *324 Schulen mit 593 Klassen und rund 30.000 Schülern.* Sie durften nun nicht mehr in ihrer Muttersprache unterrichtet werden. Als Lehrerinnen und Lehrer wurden von der faschistischen Regierung in Rom Italiener angestellt, die nur ganz selten Deutsch verstanden. Die meisten deutschen Lehrkräfte wurden entweder entlassen oder in italienische Provinzen versetzt. Viele wurden arbeitslos.

Auch die Südtiroler Oberschulen entgingen dem Diktat von Unterrichtsminister Giovanni Gentile nicht. Davon ausgenommen waren nur das Vinzentinum in Brixen und das Johanneum in Dorf Tirol. Das waren bischöfliche Knabenseminare, und da durfte in der Schule Deutsch als Unterrichtssprache verwendet werden.

Verheerende Folgen

Die Folgen für die deutsche Jugend in Südtirol waren verheerend. Die meisten Schüler lernten nun weder Deutsch noch Italienisch. Viele Eltern weigerten sich, ihre Kinder in eine Schule zu schicken, die diesen Namen nicht mehr verdiente. Sie wurden deswegen von den faschistischen Behörden immer wieder angezeigt und zur Zahlung von Geldstrafen verurteilt. In Südtirol wuchs nun eine Generation heran, die

Mit der »Lex Gentile« wurde die deutsche Schule in Südtirol praktisch ausgelöscht.

des Schreibens und Lesens kaum mehr mächtig war. Dabei stand das Land vor 1923 an der Spitze aller Provinzen Italiens, was Schulerfolg und Schuldisziplin anging.

Die Südtiroler wollten die Italienisierung der deutschen Schule durch die faschistische Regierung nicht tatenlos hinnehmen. Sie griffen zur Selbsthilfe. Ermuntert und unterstützt wurden sie dabei vor allem von einem Mann, der zur tragenden Säule des Deutschunterrichtes in den zwanziger und dreißiger Jahren wurde. Das war Michael Gamper, Journalist, Theologe, Katechet und Präsident der Verlagsanstalt Tyrolia.

Aufruf von Michael Gamper

Zu Beginn des Schuljahres 1924/25 erließ Gamper in der Wochenzeitung *Volksbote* einen Aufruf an die Bevölkerung, in dem es u. a. hieß: *Nun beginnt ein neues Schuljahr. Aber wenn es nur mit dem italienischen*

Deutsche Schulkinder wurden – wie hier in einer Meraner Schulklasse – häufig in die Uniform der faschistischen Jugendorganisation »Balilla« gesteckt.

Der Salurner Rechtsanwalt Josef Noldin wurde wegen seines Einsatzes für die deutsche Schule im Jahr 1927 von den Faschisten auf die Insel Lipari verbannt.

Unterricht beginnt, dann ist das für euch so viel wie keines. Dann müßt ihr selbst für den Unterricht eurer Kinder in der Muttersprache sorgen. Jedes Haus, jede Hütte muß zum Schulhaus, jede Stube zur Schulstube werden, in der die Kinder den Unterricht in ihrer Muttersprache erhalten. Und die Lehrer seid ihr, ihr deutschen Väter und Mütter.

Dieser Aufruf von Michael Gamper verfehlte seine Wirkung in Südtirol nicht. Überall im Lande wurden deutsche Privatkurse eingerichtet, die zum Teil von jenen Lehrpersonen gehalten wurden, die zuvor ihre Stelle in den staatlichen Schulen verloren hatten. Aber auch diese Kurse waren Ettore Tolomei und seinen Gesinnungsgenossen ein Dorn im Auge. Sie wurden verboten und unter Strafe gestellt. Der damalige Präfekt von Bozen erließ eine Verordnung, in der die Polizei aufgefordert wurde, alle jene anzuzeigen, die zu Hause Privatunterricht durchführen. Der Präfekt sprach in diesem Zusammenhang von einer *Organisation des Widerstandes*. Schon wenn nur drei Kinder in einer Stube zusammensaßen und deutschen Privatunterricht erhielten, machten sich Eltern und Lehrerinnen oder Lehrer strafbar.

»Die Notschule«

Angesichts dieser Drohgebärden der faschistischen Machthaber konnte der Deutschunterricht nur mehr geheim erteilt werden. Michael Gamper verglich die Situation mit jener der ersten Christen im alten Rom. Sie konnten ihren Glauben nur in der Abgeschiedenheit der Katakomben bekennen, um vor Verfolgung einigermaßen sicher zu sein. Ähnlich erging es damals vielen Südtirolerinnen und Südtirolern. Auch sie konnten nur im verborgenen ihren Kindern Deutschunterricht erteilen. Man spricht deswegen von der *Katakombenschule* in Südtirol, die oft auch *Notschule* genannt wird.

Die deutsche Notschule wurde maßgeblich von Michael Gamper aufgebaut. In seinem *Hauptquartier* im Bozner Marieninternat zog er behutsam und effizient die Fäden. Unterstützt wurde er dabei von vielen mutigen und engagierten Frauen und Männern, denen die deutsche Schule in Südtirol ein großes Anliegen war. Überaus wertvolle Hilfe erhielt er von den Pfarrern in den Dörfern und Städten. Sie stellten oft Räume im Widum zur Verfügung, wo geheimer Deutschunterricht erteilt wurde.

Gamper arbeitete beim Aufbau der Notschule nach einem strategisch gut durchdachten System. Er teilte das Land in drei Bezirke ein – in den Bezirk Bozen, Brixen und Meran. Er organisierte die Ausbildung der Lehrkräfte, besorgte Bücher, erteilte Richtlinien – mit einem Wort: Sein Büro in Bozen war die Schaltstelle für den geheimen Deutschunterricht in Südtirol.

Das alles geschah jedoch unter großen Risiken. Die faschistischen Behörden verfolgten die deutsche Geheimschule mit rücksichtsloser Härte. Immer wieder versuchten italienische Lehrkräfte, die Kinder in der staatlichen Schule auszuhorchen. Sie wollten erfahren, ob sie zu Hause Deutsch lernten. Bei geringstem Verdacht wurden Hausdurchsuchungen angeordnet. Wenn Eltern oder Lehrerinnen und Lehrer dabei erwischt wurden, mußten sie mit strengen Strafen rechnen. Das

Diözese:

Seelsorge: Bozner Stadtpfarre

Pfarrschul-Zeugnis

über den Religionsunterricht

für Gisser Martha

III. Jahrgang

Schuljahr 1935/36

	1 Weihnachten	2 Ostern	3 Pfingsten
Betragen	1	1	1
Fleiß	1	1	1
Katechismus und Bibel	1	1	1
Religiöse Übungen	–	–	–
Kirchengesang	–	–	–
Versäumte Religion-Stunden	–	–	2
davon unentschuldigt	–	–	–
Unterschrift der Eltern oder deren Stellvertreter	Luis Gisser	Anna Gisser	

am 15. Jänner 1936.

Mgr. Josef Kaiser — Seelsorger (Pfarrer), Propst und Stadtpfarrer

Radlhan — Katechet

BEMERKUNG: 1 = sehr gut, 2 = gut, 3 = genügend, 4 = kaum genügend, 5 = nicht genügend.

Die Pfarrämter stellten eigene Pfarrschul-Zeugnisse über den Religionsunterricht aus.

In den Pfarrschulen konnte Religionsunterricht in der Muttersprache erteilt werden. Die Pfarrämter stellten eigene Zeugnisse aus.

Strafausmaß reichte von Verwarnungen und Geldbußen über Einkerkerung bis zur Verbannung auf einsame Inseln in Süditalien.

Viele Südtiroler sind damals das Opfer des faschistischen Terrors geworden. Besonders bekannt ist das Schicksal von *Josef Noldin, Rudolf Riedl und Angela Nikoletti*. Alle drei waren im Südtiroler Unterland beheimatet, das damals zur Provinz Trient gehörte. In diesen Gemeinden wüteten die Faschisten mit besonders brutaler Härte. Noldin und Riedl wurden nach Süditalien verbannt, Nikoletti wurde damals verhaftet und starb im Alter von 25 Jahren.

Lichtblick »Pfarrschule«

Einen Lichtblick in dieser düsteren Zeit bildete der Religionsunterricht. Tolomei und seine Helfershelfer wollten mit der Italienisierung der deutschen Schulen auch den Religionsunterricht *in ihre Gewalt* bringen. Aber auf diesem Gebiet hatte der Klerus ein entscheidendes Wort mitzureden. Die Pfarrer erklärten immer wieder, sie könnten es vor ihrem Gewissen nicht verantworten, den Kindern Religionsunterricht in einer Sprache zu erteilen, die nicht die Muttersprache ist.

Zum Wortführer dieses Anliegens machte sich vor allem der *Fürstbischof von Brixen Johannes Geisler*. Er reiste mehrmals nach Rom und bat beim Heiligen Stuhl um Unterstützung. Die Mitarbeiter des Papstes erreichten dann bei der Regierung Ausnahmen für den Religionsunterricht, die jedoch nur kurzfristig gewährt wurden. Eine endgültige Vereinbarung zwischen Kirche und Regierung kam im Jahr 1928 mit der Einrichtung der sogenannten *Pfarrschule* zustande. Nun war es den Katecheten erlaubt, Schülern zwischen sechs und vierzehn Jahren deutschen Religionsunterricht zu erteilen. Es durften auch deutsche Bücher verwendet werden, es wurde auch deutsch gelesen und gesungen, und vor allem: Die Kinder wurden angehalten, in klaren deutschen Sätzen zu sprechen. Vielen Kindern, die zu Hause nur im Dialekt redeten, konnten damit wichtige Grundlagen für die deutsche Sprache vermittelt werden.

So war der deutsche Religionsunterricht wie eine *kleine Insel*, die jedoch immer wieder von feindlichen Fluten umspült wurde. Der Unterricht in der Pfarrschule verlangte von den Katecheten große Opfer. Sie wurden von den Behörden bespitzelt und bedroht. Aber diesen Unterricht zu verbieten, wagte die faschistische Regierung nicht. Auf einen *Burgfrieden* mit der Kirche legte Mussolini aus innenpolitischen Gründen großen Wert. Den Südtirolern kam das zugute.

Die Folgen des faschistischen Italienisierungsterrors in den Schulen waren verheerend. Es wuchs nun in Südtirol eine Generation heran, die nicht mehr gelernt hat, die Muttersprache korrekt zu beherrschen. Der Fluch der bösen Tat ist weit ins 20. Jahrhundert hinein zu spüren.

»Den Herrgott zum Bundesgenossen ...«

Michael Gamper, der »Moses der Südtiroler«

Es ist der 19. April 1956. Ein wolkenverhangener Himmel wölbt sich am frühen Nachmittag über Bozen. Die schweren Nebelschwaden drücken streckenweise bis ins Tal herunter. Es ist, als würde der Himmel einstimmen in die Trauer von Land und Leuten in ganz Südtirol und weit darüber hinaus. Um 14 Uhr ertönen klagend vom Turm der Bozner Pfarrkirche die Glocken, die zum letzten Gruß läuten, und dann setzt sich der gewaltige Trauerzug in Bewegung.

Die Trauer gilt einem der Größten, die je in Südtirol gelebt und gewirkt haben. Michael Gamper, der Kanonikus, wie ihn die meisten genannt haben, wird zur letzten Ruhe begleitet. Der Trauerzug bewegt sich von der Pfarrkirche zum Friedhof nach Oberau. Zehntausend sind es, die sich in den Trauerzug einreihen. Diözesanbischof *Joseph Gargitter* mit mehr als 300 Priestern, die Landeshauptleute von Süd- und Nordtirol, Politiker aus Deutschland und Österreich, Freunde aus nah und fern. Und über 20.000 dürften es sein, welche die Straßen säumen, um dem Kanonikus ihren letzten Gruß zu entbieten. *Eine großartigere, eindrucksvollere und ergreifendere Beerdigung ist in der Geschichte des Landes nicht verzeichnet worden*, schreibt das »Katholische Sonntagsblatt«.

Ein »Lichtzeichen für sein Volk«

Franz Gschnitzer, Mitglied des österreichischen Parlamentes, würdigt am Grabe die Verdienste des Verstorbenen. Er vergleicht Michael Gamper mit dem biblischen Moses. *Gleich wie dieser sein Volk durch die Wüste führte und es in Not und Verzweiflung immer wieder aufrichtete, so war auch Michael Gamper für sein Volk in Not und Bedrängnis immer wieder ein Lichtzeichen, an dem sich die Menschen orientieren konnten.*

Kanonikus Michael Gamper

Wer ist Michael Gamper? Worin liegt die Größe seiner Persönlichkeit? Welche Leistungen hat er für Südtirol erbracht, daß ihm eine Beerdigung zuteil wurde wie wohl niemandem zuvor in Südtirol?

Geboren wird Michael Gamper am 7. Februar 1885 in Prissian, wo sein Vater eine Schmiedewerkstatt betreibt. Weil der Bub talentiert ist, wird er zum Studieren geschickt, wie es damals geheißen hat. Der Vater hätte den Buben lieber in der eigenen Werkstatt gesehen, weil er bei gelegentlichen kleineren Arbeiten bereits eine geschickte Hand zeigt. Aber der Pfarrer und der Lehrer sind fürs Studieren, und so läßt sich der Vater schließlich überzeugen.

Michael kommt als Elfjähriger nach Meran und später ins Johanneum nach Dorf Tirol, wo er das Gymnasium besucht. Michael wird als Gymnasiast Mitglied einer Studentenverbindung, und da wird bisweilen ordentlich bis tief in die Nacht hinein gefeiert. Den Vorgesetzten im Johanneum gefällt dieser Lebensstil nicht, und als häufiges Mahnen der Präfekten nichts fruchtet, erhält Michael im siebten Kurs – also im Jahr vor der Matura – den Laufpaß. Er muß während des Schuljahres das Johanneum verlassen. Bis zur Matura bleibt er in Meran. Anschließend besucht er in Innsbruck die Theologische Fakultät und wird im Jahr 1908 zum Priester geweiht.

Es ist die Zeit, als Tirol noch von Kufstein bis Ala im Trentino reichte und die Grenze am Brenner noch nicht existierte.

Unruhige Jahre

Die ersten Erfahrungen als Seelsorger macht Michael Gamper in Gfrill, Altrei, Leifers, Barbian und Kardaun. Im Oktober 1914 wird er zum Kanonikus, zum Domherrn der Propsteikirche von Bozen, ernannt. Gamper kommt als Religionslehrer an die Bozner Marienschule, die damalige Volks- und Bürgerschule. Später kommt noch der Unterricht an der Bozner Töchterschule und am Mädchenlyzeum dazu. Ehemali-

Wangen am Ritten: Im Pfarrhaus neben der Kirche hielt sich Michael Gamper vom 10. September bis 30. Oktober 1943 versteckt.

ge Schüler und Schülerinnen berichten, daß der Kanonikus ein ausgezeichneter Katechet war. Nach dem Religionsunterricht bleibt dem Katecheten noch Zeit für die Beschäftigung mit der Presse, einem Hobby des Kanonikus bereits seit seinen Studienjahren in Meran und Innsbruck.

Es sind unruhige Monate und Jahre, die Michael Gamper erlebt. Die Zeitungen berichten wenig Gutes. Der Erste Weltkrieg tobt an verschiedenen Fronten. Im Mai 1915 erklärt Italien an Österreich den Krieg. Die Entente verspricht den Italienern Gebiete an der Adria und Tirol bis zum Brenner. Die Tiroler Standschützen rücken aus, um die Front im Süden zu verteidigen. Der Kanonikus verbringt in dieser Zeit bisweilen schlaflose Nächte. Was wird wohl sein, wenn Italien mit der Entente den Krieg gegen Österreich gewänne? Würde der Süden Tirols dann zu Italien kommen? Fragen über Fragen, die ihn bedrängen.

Im Jahr 1919 wird bittere Wirklichkeit, was Michael Gamper schon nach 1915 befürchtet hat. Tirol bis zum Brenner kommt zu Italien. Die Friedensmacher in Saint Germain haben es so beschlossen, gegen den Willen der deutschen Bevölkerung. Das Selbstbestimmungsrecht, das zuvor vom amerikanischen Präsidenten Wilson feierlich verkündet worden ist, erweist sich als leere Worthülse.

Wie ein Seismograph …

Michael Gamper übernimmt 1919 die Redaktion der Wochenzeitung »Der Volksbote«. Wie ein Seismograph registriert er die Entwicklung in Südtirol nach der Angliederung des Landes an Italien. Gamper ist sich der Macht und des Einflusses der Presse bewußt. Mit seinem feinen Spürsinn wittert er bald: Die Italiener wollen den Südtirolern ihr Recht auf die deutsche Schule streitig machen. Und er spricht eine klare Sprache. *Die Presse ist das Signalhorn, welches das Volk aufruft zum einigen geschlossenen Vorgehen gegen die Feinde unseres Volkstums*, schreibt er im *Volksbote*. Hier wird in Gamper bereits der *Moses* sichtbar, von dem Franz Gschnitzer beim Begräbnis gesprochen hat.

Einigkeit im Kampf gegen die Faschisten, die Südtirol italienisieren wollen: Das ist in den folgenden Jahren das Gebot der Stunde. Und in Michael Gamper haben die Deutschen in Südtirol einen Anwalt, der mit Geschick und Unerschrockenheit ihre Belange verteidigt. Unerbittlich ist der Kanonikus, wenn es um die Verteidigung der deutschen Schule in Südtirol geht. Er weiß: Wenn es den Faschisten gelingen sollte, die Jugend zu italienisieren, dann wird die Italienisierung von ganz Südtirol nicht mehr lange auf sich warten lassen.

Anwalt gegen die Unterdrückung

Michael Gamper wird nun zum ersten Anwalt für die Belange der Südtiroler gegen die faschistische Politik der Unterdrückung. Mit unermüdlichem Eifer organisiert er die deutsche Schule im Untergrund. In seinem Büro im Marieninternat in Bozen laufen die Fäden zusammen. Er sorgt für die geheime Ausbildung von Lehrkräften, er beschafft auf geheime Weise Lehrbücher aus Österreich und Deutschland und er ermuntert immer wieder Eltern in Stadt und Land, wenn sie faschistische Übergriffe gewärtigen müssen. Michael Gamper ist es maßgeblich zu verdanken, wenn zur Zeit des Faschismus wenigstens der Religionsunterricht in deutscher Sprache abgewickelt werden konnte.

Viele Südtirolerinnen und Südtiroler werden in den zwanziger und dreißiger Jahren von den Faschisten verfolgt, bestraft, eingekerkert und auch auf einsame Inseln in Süditalien verbannt, nur weil sie Kindern deutschen Unterricht erteilt haben oder erteilen ließen.

Ein zentraler Grundsatz von Gamper lautet: *Ein Volk, das um nichts anderes kämpft als um sein natürliches und verbrieftes Recht, wird den Herrgott zum Bundesgenossen haben.* Das Recht auf die Muttersprache in den Schulen ist ein Grundrecht der Menschen in Südtirol. Mit seinem Einsatz für die Erhaltung der Muttersprache in Südtirol zur Zeit des Faschismus hat Gamper ein Stück Südtirolgeschichte in schwierigster Zeit geschrieben. Schülerheime in Südtirol, die seinen Namen tragen, erinnern an diese große Leistung.

Aber Michael Gamper stemmt sich nicht nur gegen den Faschismus mit aller Kraft, sondern auch gegen den Nationalsozialismus. In Hitler und Mussolini sieht Gamper eine Ausgeburt des Bösen. Die beiden Diktatoren schließen im Jahr 1939 ein Bündnis, das sie Stahlpakt nennen. Die Südtirolfrage soll im Zeichen dieses Bündnisses *endgültig* gelöst werden. Hitler und Mussolini fürchten nämlich: Deutsche in

Südtirol – das könnte immer wieder ein unliebsamer Zankapfel sein, der die Beziehungen zwischen Faschisten und Nationalsozialisten trüben könnte. Also muß das Problem auf eine *radikale Weise* aus der Welt geschafft werden.

Was das heißt, bringt der faschistische Außenminister Graf Ciano auf den Punkt. Er stellt fest: *Wenn die Berge nicht versetzt werden können, müssen die Menschen verpflanzt werden.*

Im Klartext bedeutet dies: Jene Südtiroler, die nicht Italiener werden wollen, sollen ihre Heimat verlassen und ins Deutsche Reich auswandern. Im Juni 1939 wird in Berlin zwischen Nationalsozialisten und Faschisten eine Vereinbarung abgeschlossen, die als Optionsvertrag in die Geschichte eingegangen ist.

Wortführer der Dableiber

Die Südtiroler stehen nun vor einem schrecklich-schicksalhaften Dilemma, das lautet: Sollen sie ihre Heimat verlassen und ins nationalsozialistische Deutschland auswandern, um vielleicht ihr Volkstum zu retten? Oder sollen sie in ihrer Heimat Südtirol bleiben, wo sie allerdings befürchten müssen, von den Faschisten italienisiert oder gar in südlichere Regionen verpflanzt zu werden?

Für viele Südtiroler ist dies eine furchtbare Alternative, die ihnen von den beiden Diktatoren aufgezwungen wird. Die meisten wissen nicht, wie sie entscheiden sollen. Im Lande bilden sich zwei Gruppen: Die eine Gruppe, das sind die Optanten. Sie haben die Hoffnung aufgegeben, daß Südtirol deutsch bleiben kann. Sie wollen auswandern und hoffen in Deutschland auf eine neue Heimat. Die andere Gruppe, das sind die Dableiber. Sie wollen ihre angestammte Heimat unter keinen Umständen verlassen. Michael Gamper wird zum Wortführer der Dableiber. Er gibt die Devise aus: Die Südtiroler dürfen Südtirol nie und nimmer verlassen. Gamper hofft auf einen baldigen Sturz von Hitler und Mussolini und auf eine bessere Zukunft im Lande.

Ein dramatisches Tauziehen zwischen beiden Gruppen entwickelt sich. Die Wortführer der Optanten ziehen durch Stadt und Land und werben mit großem Propagandaaufwand für das Auswandern. Michael Gamper dagegen versucht mit Freunden die Südtiroler fürs Dablei-

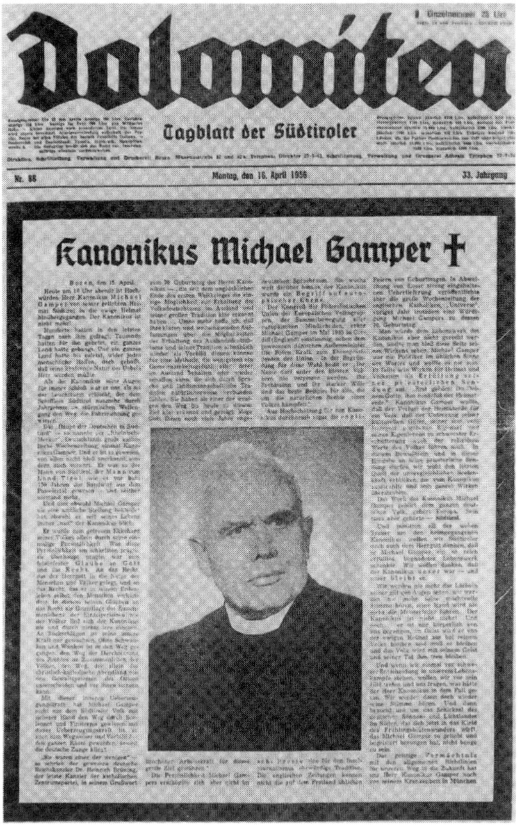

Dolomiten

Tagblatt der Südtiroler

Nr. 88 Montag, den 16. April 1956 33. Jahrgang

Kanonikus Michael Gamper †

Gedenken an Michael Gamper: Die »Dolomiten« widmeten am 16. April 1956 dem verstorbenen Kanonikus die ganze erste Seite.

ben zu gewinnen. In Zeitungsartikeln und in vielen persönlichen Kontakten will er die Menschen überzeugen, die Heimat nicht zu verlassen. Das Marieninternat in Bozen, wo Gamper sein Büro hat, wird zur Schaltstelle der Dableiber. Sein Einsatz für die Dableiber mißfällt den Nationalsozialisten. Sie hassen den Kanonikus. Gamper wird in Südtirol zum Feind Nummer eins der Nationalsozialisten erklärt.

Die Nationalsozialisten besetzen nach dem Waffenstillstand der Alliierten mit Italien am 8. September 1943 Südtirol. Sie führen nun das

Regiment im Lande. Die Wortführer der Dableiber müssen um ihre Freiheit fürchten. Die Situation wird vor allem für Michael Gamper brenzlig. Die Nationalsozialisten wollen ihn verhaften. Gamper jedoch gelingt es, seinen Häschern zu entwischen. Noch am Morgen des 9. September verläßt der Kanonikus das Marieninternat in Bozen und flüchtet nach Wangen auf den Ritten. Im dortigen Widum findet er Unterschlupf. Es ist gewissermaßen fünf vor zwölf, denn die Nationalsozialisten durchsuchen in der Nacht auf den 10. September das Marieninternat und stellen alles auf den Kopf. Aber sie finden nur mehr die Kleider des Priesters und müssen unverrichteter Dinge wieder abziehen.

Flucht nach Florenz

Aber auch im abgelegenen Widum von Wangen wird die Lage für Michael Gamper bald zu gefährlich. Die Häscher der Nationalsozialisten suchen nach ihm und wollen seiner unbedingt habhaft werden. Deswegen wird eine neue Flucht ins Auge gefaßt. Sie wird von Freunden gründlich vorbereitet und beginnt auf abenteuerliche Weise am frühen Morgen des 31. Oktober 1943. Gamper wird in aller Herrgottsfrüh von Wangen durch den Wald auf die Sarntaler Straße heruntergebracht, dort zieht er eine deutsche Wehrmachtsuniform an, und dann geht die Reise diesmal in einem Auto in Richtung Süden – nach Florenz. Florenz liegt nach dem Waffenstillstand zwischen Italien und den Alliierten bereits im Einflußbereich der Amerikaner.

Michael Gamper findet unweit der toskanischen Hauptstadt in einem Kloster Unterkunft. Dort fristet er als Don Michele bis zum Ende des Krieges ein bescheidenes Dasein. Die Schwestern des Klosters sorgen mit liebenswürdiger Zuwendung für den Kanonikus, aber die Zeiten des Krieges sind hart und entbehrungsreich. Es gibt kaum das Notwendige für den Lebensunterhalt. Gamper ist unterernährt und gesundheitlich angeschlagen. Um bei Spaziergängen nicht aufzufallen, vertauscht er den hierzulande üblichen Priesterhabitus mit einer langen Sutane, zudem setzt er den bei italienischen Geistlichen üblichen Rundhut, den Tondo, auf. So ist er nicht mehr von anderen Geistlichen zu unterscheiden.

Michael Gamper, der Kopf des Widerstandes gegen Faschismus und Nationalsozialismus, denkt in der Abgeschiedenheit des Klosters mit sorgenvoller Wehmut an seine Heimat. Die Nachrichten aus Südtirol sind spärlich. Aber immer, wenn Post von Freunden kommt, ist es für ihn wie ein Festtag.

Denkschrift für die Alliierten

Michael Gamper ahnt im Jahr 1944 das Ende des Krieges voraus. Mussolini ist in Italien bereits vom Sockel gestürzt, Hitlers Ende ist nur mehr eine Frage der Zeit. Der Kanonikus denkt an die Zeit nach dem Kriege. Sein großes Ziel ist es zu erreichen, daß Südtirol wieder zu Österreich zurückkommt. In der Toskana arbeitet er an einer Denkschrift, die den Alliierten in Rom übergeben werden soll. In der Denkschrift wird die leidvolle Geschichte der Südtiroler vom Ende des Ersten Weltkrieges bis in die beginnenden vierziger Jahre geschildert. Dann bekräftigt Gamper: *Friede und Freiheit von Furcht werden erst dann wieder in die Täler Tirols einziehen können, wenn diese von der so verhaßten italienischen Fremdherrschaft und dem Naziterror endgültig befreit sind.* Gamper reist selbst nach Rom, um Möglichkeiten zu suchen, den Alliierten seine Denkschrift zu übergeben, was ihm auch gelingt.

Inzwischen sind die letzten Kriegstage hereingebrochen. Die große Frage ist nun: Was wird mit Südtirol geschehen? Wird das den Südtirolern 1919 im Friedensvertrag von Saint Germain und in zwanzig Jahren faschistischer Gewaltherrschaft zugefügte Unrecht wieder gutgemacht? Wird ihnen die Rückkehr zu Österreich ermöglicht? Wird es eine Volksabstimmung dazu geben? Die Entscheidung liegt nicht bei den Südtirolern selber, auch nicht bei Österreich, sondern bei den Siegermächten. Sie beraten in Paris über die neue politische Ordnung in Europa.

Führende Rolle in der SVP

In Bozen ist unmittelbar nach Kriegsende die Südtiroler Volkspartei (SVP) gegründet worden. Sie vertritt in Zukunft die politischen Anliegen der Südtirolerinnen und Südtiroler. Bei den ersten freien Wahlen nach dem Krieg im Jahr 1948 wird sie in dieser Rolle eindrucksvoll bestätigt. Eine der ersten großen Aufgaben, die zu bewältigen sind, ist die Abhaltung einer Volksabstimmung im Lande.

Michael Gamper, der im Herbst 1945 aus dem italienischen Exil nach Bozen zurückgekehrt ist, übernimmt eine führende Rolle in den Reihen der SVP. In den kommenden zehn Jahren bis zu seinem Tode 1956 wird er immer mehr zum geistigen Führer der Südtiroler. Ein Zeitzeuge, der Gamper persönlich gekannt hat, erinnert sich: *Immer, wenn große Entscheidungen getroffen werden mußten, wurde um seine Meinung gefragt. Die Stimme des Kanonikus hatte Gewicht in den Gremien der SVP.*

Schwerwiegende Entscheidungen sind in der Tat zu treffen – in den ersten Jahren nach dem Kriege. Die Volksabstimmung über die Rückkehr Südtirols zu Österreich wird zwar von den Südtirolern vehement gefordert, aber die alliierten Friedensmacher in Paris weisen ihre Forderung zurück und sagen nein. Als Trostpflaster wird allerdings in Paris im September 1946 ein Vertrag zwischen Österreich und Italien abgeschlossen, mit dem Südtirol eine Autonomie gewährt wird.

Abschied von Kanonikus Michael Gamper auf dem Friedhof von Bozen-Oberau

»Das ist unser Grundgesetz«

Der Wunsch der Südtiroler ist damit nicht in Erfüllung gegangen, aber ein internationaler Vertrag ist immerhin besser als nichts, sagt Gamper. Der Kanonikus zitiert das bekannte Sprichwort: Besser das Ei in der Hand als die Henne auf dem Dach. Später bezeichnet Gamper den Pariser Vertrag einmal als *Magna Charta* der Südtiroler. Der Kanonikus wörtlich: *Das ist unser Grundgesetz, nach dem das Zusammenleben von Deutschen und Italienern in Zukunft in Südtirol ausgerichtet ist.*

Aber diese Magna Charta, die in Paris zwischen dem österreichischen Außenminister Karl Gruber und dem italienischen Außenminister Alcide Degasperi unterschrieben worden ist, muß erst mit Leben erfüllt werden. Das soll in der neuen italienischen Verfassung geschehen, die 1948 in Kraft tritt. Die Südtirol-Autonomie ist darin verankert, aber nicht in jener Form, die in Paris unterzeichnet worden ist. Degasperi hat daraus eine eigene Konstruktion gemachte: Er hat Südtirol mit dem Trentino zusammengelegt und die Region Trentino-Südtirol geschaffen. Dieses *Gebilde* entspricht nicht dem Geiste des Pariser Vertrages.

Gamper und seine politischen Freunde sind empört über den Schachzug von Alcide Degasperi. Sie fühlen sich um die Früchte der Autonomie gebracht. Denn die Südtiroler in der Region zusammen mit den Trentinern – das bedeutet: Einem Drittel Deutsche stehen zwei Drittel Italiener gegenüber. Und nicht Bozen ist das Zentrum der Verwaltung, sondern Trient. Die entscheidenden Weichen für Politik, Kultur und Wirtschaft werden nicht im Landtag von Bozen gestellt, sondern im Regionalrat von Trient. Bozen ist eine Landeshauptstadt fast ohne Funktionen – ein politisches Mauerblümchen.

Bis zum letzten Atemzug …

Michael Gamper, inzwischen Direktor der Tageszeitung »Dolomiten«, schreibt sich seine Enttäuschung über Degasperi immer wieder von der Seele. In vielen Zeitungsartikeln zeigt er mit dem Finger auf das Unrecht, das den Südtirolern zugefügt worden ist. Eine große Gefahr sieht Gamper Anfang der fünfziger Jahre für die Südtiroler in der massiven Zuwanderung von Italienern aus südlichen Provinzen. Diese Zuwanderung wird von der Regierung in Rom gefördert und unterstützt. Sie ist eine Fortsetzung jener Politik, die bereits in den dreißiger Jahren von den Faschisten begonnen worden ist.

Michael Gamper ist sich bewußt: Die Südtiroler allein können den Kampf um die Erhaltung des Volkstums nicht bestehen. Sie brauchen die Hilfe auch jenes Staates, der 1946 in Paris den Autonomievertrag unterzeichnet hat. *Das ist Österreich.* Gamper knüpft enge Kontakte zu Wien und Innsbruck. Dabei geht es ihm vor allem darum, daß junge Südtirolerinnen und Südtiroler an österreichischen Universitäten studieren können und ihre dort erworbenen Diplome in Italien anerkannt werden. Die Zukunft Südtirols, sagt Gamper, hängt wesentlich mit der akademischen Ausbildung junger Südtiroler zusammen. Und die sollte nach seinen Vorstellungen vor allem in Österreich erfolgen. An der Gründung der Südtiroler Hochschülerschaft und auch des Südtiroler Kulturinstitutes ist Gamper maßgeblich beteiligt.

Der Glaube von Michael Gamper an Recht und Gerechtigkeit ist unerschütterlich. Sein Motto lautet: *Ein Volk, das um nichts anderes kämpft als um sein natürliches und verbrieftes Recht, wird den Herrgott zum Bundesgenossen haben.* Bis zum letzten Atemzug kämpft er für sein Land Südtirol. Glaube und Heimat sind für ihn keine Worthülsen, sondern ein Programm, dem er sich zeit seines Lebens verpflichtet fühlt.

Michael Gamper ist eine der leuchtendsten Persönlichkeiten der Tiroler Geschichte.

Die Option

Eine schreckliche Zeit

Berlin, Freitag, den 23. Juni 1939: Am Sitz der Geheimen Staatspolizei in der Prinz-Albrecht Straße brennen an diesem Abend die Lichter bis tief in die Nacht hinein. Geheime Beratungen finden statt – zwischen hohen Funktionären aus dem nationalsozialistischen Deutschland und dem faschistischen Italien. Die deutsche Delegation wird vom Reichsführer der SS, Heinrich Himmler, angeführt, die Italiener werden von Botschafter Attolico geleitet; unter ihnen ist auch der faschistische Präfekt von Bozen, Giuseppe Mastromattei. Es geht um Südtirol – um eine *radikale, endgültige und freundschaftliche Lösung dieses Problems*, wie es offiziell heißt.

Die Südtirolfrage hat in den Jahren zuvor die Beziehungen zwischen dem Deutschen Reich und Italien immer wieder belastet. Es war wie Sand im diplomatischen Getriebe zwischen beiden Staaten. Dieser Sand sollte nun ausgeräumt werden – durch eine radikale Lösung. Die radikale Lösung bedeutet für die Südtiroler: Aussiedlung ins Deutsche Reich, und darüber wurde am 23. Juni 1939 in Berlin zwischen der faschistischen und der nationalsozialistischen Delegation verhandelt und eine Vereinbarung getroffen. Diese Vereinbarung ist als *Option* in die Geschichte eingegangen.

Eine lange Vorgeschichte

Das Berliner Abkommen hat eine lange Vorgeschichte. Blättern wir zwanzig Jahre zurück in das Jahr 1919. In Saint Germain, einem Vorort von Paris, wurde zwischen Österreich und Italien der Schlußstrich unter den Ersten Weltkrieg gezogen. Im Friedensvertrag von Saint Germain wurde Tirol geteilt, der Teil südlich des Brenners kam zum Königreich Italien. Die Bevölkerung des Landes, die damals zu über

In »stählerner Freundschaft« verbunden: Benito Mussolini (links) und Adolf Hitler am Brenner (1939)

neunzig Prozent deutsch war, wurde um ihre Meinung nicht befragt. Das Recht auf Selbstbestimmung fand keine Anwendung. Die Menschen hätten, wären sie befragt worden, ihre Zustimmung zur Losreißung von Österreich niemals gegeben.

Als im Oktober 1922 in Rom die faschistischen Schwarzhemden die Macht übernahmen und Mussolini zum Duce, zum Führer der Nation, aufrückte – er war jetzt nicht nur Chef der Faschistischen Partei, sondern auch Ministerpräsident –, änderte sich die Situation auch in Südtirol schlagartig. Von nun an diktierten die Schwarzhemden das Geschehen im Lande. Ihr Ziel war es, Südtirol innerhalb kurzer Zeit italienisch zu machen. Der Bannerträger der faschistischen Italienisierungspolitik hieß Ettore Tolomei. Er genoß die Unterstützung und das Vertrauen Mussolinis und entwickelte ein Programm zur Italienisierung des Landes. Alle Bereiche des öffentlichen Lebens waren davon betroffen: die Schulen, die Gemeinden, die Wirtschaft, die Flur- und Ortsnamen, der Name Tirol durfte nicht mehr verwendet werden, und sogar die Familiennamen sollten italienisiert werden.

Am meisten bekamen die deutschen Bewohner von Bozen diese faschistische Politik zu spüren. In Bozen wurde Ende der zwanziger Jahre ein Siegesdenkmal eingeweiht, das die Faschisten als Symbol der *Italianità* verstanden wissen wollten, und im Süden der Stadt wurde Mitte der dreißiger Jahre ein großes Industriegebiet errichtet, in dem viele Tausende italienische Zuwanderer Arbeit fanden. Die massive italienische Zuwanderung veränderte das Bild der Stadt. Es konnte nur mehr eine Frage von wenigen Jahren sein, bis die Südtiroler in Bozen zur Minderheit wurden. Es war damals eine überaus schwierige Zeit für die Südtiroler. Die Zukunftsaussichten waren düster. Zwar setzten sich viele Menschen gegen die faschistische Italienisierungspolitik energisch zur Wehr, aber was vermochten schon 200.000 gegen eine übermächtige Nation von vielen Millionen. Südtirol muß italienisch werden, trommelte Tolomei fast ohne Unterlaß.

Eine neue Lage

Eine neue Lage entstand, als im Jahr 1933 in Deutschland Adolf Hitler an die Macht kam. Hitler hatte mehrmals das faschistische Italien als natürlichen Bündnispartner des Deutschen Reiches bezeichnet. Dabei beteuerte er immer wieder, daß er für die Südtiroler keinen Finger rühren wolle. *Mit Italien, das seine nationale Wiedergeburt erlebt und eine große Zukunft hat, muß Deutschland zusammengehen. Dazu ist nötig ein klarer und bündiger Verzicht auf die Deutschen in Südtirol*, stellte Hitler wörtlich fest.

Aber andererseits wollte Hitler alle Volksdeutschen in einem Großdeutschen Reich zusammenschließen. Das war ein Kernpunkt seines Programms. Und Volksdeutsche waren die Südtiroler auf alle Fälle auch. Viele Südtiroler konnten einfach nicht glauben, daß sie Hitler im

Stiche ließe. Und die Hoffnung auf den Führer wuchs, als das Saarland, Österreich und das Sudetenland zum Deutschen Reich kamen. *Die Saar ist frei, jetzt kommen wir an die Reih*, hieß es damals landauf, landab. Aber Hitler erfüllte diese Hoffnungen nicht. Ihm war die Freundschaft mit Italien wichtiger. Im Mai 1938 reiste er zu einem Staatsbesuch zu Mussolini nach Rom, und dort erklärte er bei einem Festbankett den endgültigen Verzicht auf die Brennergrenze mit den Worten: *Es ist mein unerschütterlicher Wille, daß die von der Natur zwischen Deutschland und Italien aufgerichtete Alpengrenze für immer unantastbar bleibt.*

Hitler ging dann noch einen entscheidenden Schritt weiter. Er willigte in Verhandlungen mit der faschistischen Regierung über Südtirol ein. Ziel war die Aussiedlung der Südtiroler und damit die endgültige *Lösung* des Südtirolproblems. Auch den Faschisten in Rom und Bozen kamen diese Verhandlungen sehr gelegen. Denn was ihnen mit der Politik der Italienisierung und der Zuwanderung nur langfristig gelingen konnte, nämlich Südtirol italienisch zu machen, das schien jetzt mit einem deutsch-italienischen Vertrag über die Aussiedlung der Südtiroler in greifbare Nähe gerückt.

Die Beratungen wurden geheim geführt und dauerten mit Unterbrechungen rund anderthalb Jahre. Am 23. Juni 1939 kam es in Berlin zu abschließenden Gesprächen und zu einem gemeinsamen Beschluß, der als *Option* in die Geschichte eingegangen ist. Entsprechend dieser Vereinbarung sollten die Südtiroler, die ihr Volkstum bewahren wollten, ihre Heimat verlassen und ins Deutsche Reich auswandern. Als Termin für die Entscheidung wurde der 31. Dezember 1939 festgesetzt.

»Schandvertrag«

Für viele Südtiroler war das eine schreckliche Entscheidung. Im Klartext bedeutete sie: Wer deutsch bleiben wollte, sollte auswandern, und diejenigen, die in Südtirol blieben, hatten kaum eine Aussicht mehr auf den Schutz ihres Volkstums. Als die Berliner Umsiedlungsvereinbarung in Südtirol offiziell bekannt wurde, ging ein Sturm der Empörung durch das ganze Land. Die Menschen waren entrüstet und schockiert. Man sprach von einem *Schandvertrag*. In Südtirol gab es da-

Giuseppe Mastromattei, seit 1933 faschistischer Präfekt der Provinz Bozen, hatte als Mitglied der italienischen Delegation maßgeblich an der deutsch-italienischen Umsiedlungsvereinbarung vom Juni 1939 mitgewirkt.

mals vor allem zwei einflußreiche Gruppen: Das waren der Völkische Kampfring Südtirols, kurz VKS genannt, und der Deutsche Verband. Der Völkische Kampfring wurde 1933 gegründet, in seinen Reihen arbeiteten vor allem junge, politisch interessierte Menschen, die gute Kontakte zu nationalsozialistischen Kreisen in München und Berlin hatten. Peter Hofer hieß der Vorsitzende des VKS.

Der Deutsche Verband wurde nach dem Ersten Weltkrieg gegründet und hatte das Edelweiß als Symbol. In den Reihen des Verbandes waren vorwiegend Frauen und Männer aktiv, die zur mittleren Generation zählten. Geleitet wurde der Deutsche Verband von Kanonikus

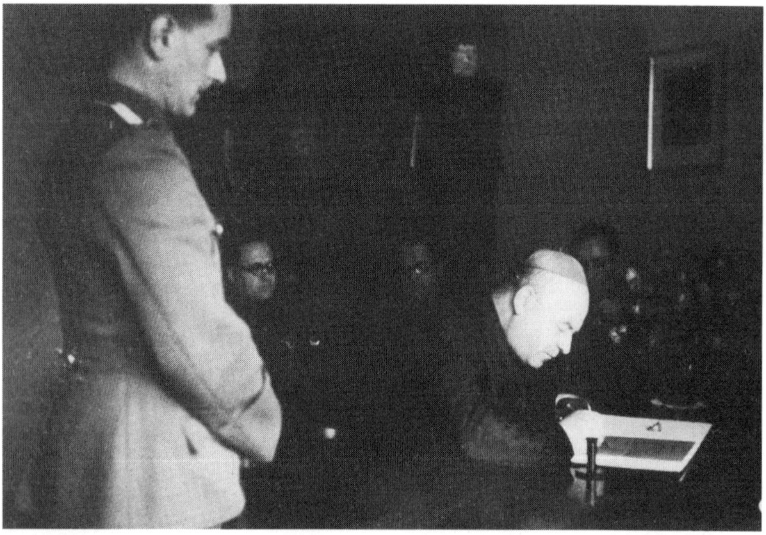

Während sich der Südtiroler Klerus mit großer Mehrheit fürs Dableiben aussprach, optierte der Brixner Fürstbischof Johannes Geisler am 25. Juni 1940 für Deutschland.

Michael Gamper. Beide Organisationen arbeiteten in den dreißiger Jahren zusammen und bildeten im politischen Untergrund eine gemeinsame Front gegen die faschistische Unterdrückungspolitik.

Knapp eine Woche nach der Berliner Umsiedlungsvereinbarung trafen sich VKS und Deutscher Verband zu gemeinsamen Beratungen in Bozen. Erörtert wurde die Lage, die sich nach dem 23. Juni in Südtirol ergeben hatte. Dabei kamen beide Gruppen zum einhelligen Beschluß, die Umsiedlung kategorisch abzulehnen und auf alle Fälle im Lande zu bleiben. Peter Hofer, der Chef des VKS, erklärte wörtlich: *Bevor wir umsiedeln, schicken wir unsere Kinder zur Balilla, der faschistischen Jugendorganisation, ziehen das schwarze Faschistenhemd an und lassen alle unsere Namen italienisieren.*

Aber die gemeinsame Front von VKS und Deutschem Verband war nicht von langer Dauer. Bereits vierzehn Tage nach der Sitzung in Bozen wurden die Weichen neu gestellt. Die Wege der beiden Organisationen trennten sich. Der VKS ging auf Optionskurs, er machte sich also für die Aussiedlung stark. *Wir gehen geschlossen ins Reich*, lautete seine neue Devise. Die Mitglieder des Deutschen Verbandes blieben dagegen bei ihrem früheren Standpunkt. Sie gaben die Losung aus, die Heimat unter keinen Umständen zu verlassen.

Geher und Dableiber

In Südtirol bildeten sich in den kommenden Wochen und Monaten des Jahres 1939 zwei Gruppierungen: die Geher oder Optanten und die Dableiber. Die Entscheidung, vor der die Menschen damals in unserem Land standen, war dramatisch: Sollten sie nun auswandern, über den Brenner ziehen und irgendwo im Deutschen Reich auf eine neue Heimat hoffen, in der sie ihre deutsche Sprache und Kultur frei bekennen

Sorgenvoller Blick in die Zukunft: Die Option war für viele Südtiroler eine schreckliche Zeit.

und äußern können, oder war die neue Heimat, die ihnen Hitler versprochen hatte, nur ein Luftschloß?

Ein Südtiroler, der diese Zeit selber erlebt hatte, schreibt in seinen Erinnerungen: *Den meisten Südtirolern, besonders aber den Bauern auf den Bergen fiel der Entschluß ungeheuer schwer. Die Menschen überlegten hin und her. Sie drehten und wandten sich, sie drückten sich vor der Entscheidung, solange sie nur konnten. Und schlaflos wälzten sie sich in den langen Winternächten in ihren kalten Kammern.* Und die Besitzerin einer Apotheke in Sterzing erzählte, daß sie nicht mehr genug Schlaftabletten herschaffen habe können. *Wenn Bauern einmal ohne Pillen nicht mehr schlafen können, dann weiß man, wie groß die Seelennot der Leute geworden ist, wieviel es geschlagen hat*, sagte sie.

Unbeschreibliche Seelennot

Die Seelennot der Menschen war damals unbeschreiblich groß. Sollten sie den Hof, das Dorf, die Stadt verlassen, wo sie seit vielen Generationen lebten, oder sollten sie bleiben? In Südtirol herrschte der Faschismus, der die Menschen fast zwanzig Jahre lang schon verfolgt und gepeinigt hatte. Es gab keine deutschen Schulen mehr, wer deutschen Privatunterricht erteilte, konnte ins Gefängnis kommen oder gar nach Süditalien verbannt werden; in den Ämtern durfte nicht mehr deutsch gesprochen werden. Und im Deutschen Reich wurde ihnen zwar das Blaue vom Himmel versprochen, aber konkret wußten die Menschen nicht einmal, wohin sie kommen sollten. Ungewiß war auch, was mit ihrem Hab und Gut geschehen würde. Wie würden sie dafür entschädigt werden, was konnten sie mitnehmen. Auf diese Fragen gab es keine eindeutigen Antworten.

Bis zum 31. Dezember 1939 mußten sie eine Entscheidung treffen, mußten sie erklären, ob sie auswandern oder dableiben wollten. Dieser Termin wurde amtlich festgelegt. Die Entscheidung nannte man Option. Je näher dieser Termin rückte, umso dramatischer wurde die Lage in Südtirol. Der VKS warb mit seinen Anhängern für die Option. Versammlungen wurden abgehalten, Flugzettel verteilt, ein regelrechter Propagandafeldzug wurde entfesselt. Der VKS wollte, daß alle Südtiroler geschlossen für die Option stimmen würden. *Heim ins Reich*

Unmittelbar nach dem Optionstermin (31. Dezember 1939) setzte sich die Umsiedlungswelle in Bewegung. Ein Zug nach dem anderen rollte über den Brenner. Im Jahr 1940 verließen rund 50.000 Südtiroler ihre Heimat.

nannte man das. Der Deutsche Verband dagegen warb fürs Dableiben. Die Heimat dürfe nicht aufgegeben werden, sagten Michael Gamper und seine Freunde. Man müsse auf einen Sturz Hitlers in Deutschland und Mussolinis in Italien hoffen, erklärten sie. Dann werde auch in Südtirol alles anders werden, dann werde es eine neue Zukunft für die deutsche Bevölkerung in der Heimat geben. Die Anhänger des Deutschen Verbandes taten sich nicht leicht, die Menschen von ihrem Standpunkt zu überzeugen. Auf seiner Seite standen große Teile des Klerus, während der Brixner Fürstbischof Johannes Geisler für die Option stimmte.

Beide Gruppen – Dableiber und Geher – rangen mit großer Leidenschaft um ihren Standpunkt. Die Meinungsunterschiede gingen quer durch die Familien, Geschwister entzweiten sich, Freundschaften gingen in Bruch, Familienbande zerrissen. Die Bevölkerung des Landes

Abschied von der Heimat: eine Umsiedlerfamilie beim Aufladen ihrer Habseligkeiten

war in zwei Lager gespalten. *Es war eine schreckliche Zeit.* Die Menschen standen unter einem unerträglichen Druck. Als am 31. Dezember 1939 der Termin für die Option abgelaufen war, hatten sich 86 Prozent der wahlberechtigten Südtiroler für die Auswanderung ins Deutsche Reich ausgesprochen. Wahlberechtigt waren alle, die volljährig waren. Familienväter wählten für ihre Familie. Die Ehefrauen hatten kein Stimmrecht. 86 Prozent – das waren damals 210.000 Menschen. Sie sollten bis zum 31. Dezember 1943 das Land verlassen.

In den ersten Monaten des Jahres 1940 rollten täglich Züge mit Umsiedlern über den Brenner. Später kam die Umsiedlung jedoch ins

Stocken. Viele, die für die Option gestimmt hatten, verlegten sich aufs Abwarten, weil die Meldungen aus dem Deutschen Reich alles andere als hoffnungsvoll waren. Tatsächlich ausgewandert sind dann etwa 75.000, die meisten nach Nordtirol und Vorarlberg, viele auch in die anderen österreichischen Bundesländer und nach Bayern. Manche kamen sogar bis nach Luxemburg und in die von Hitler eroberte Tschechoslowakei. Rund 20.000 Auswanderer kehrten nach dem Zweiten Weltkrieg wieder nach Südtirol zurück. Etwa 60.000 blieben in Österreich oder in Deutschland.

Viele Südtiroler standen nach der Unterzeichnung des Berliner »Schandvertrages« vor einem schrecklichen Dilemma. Wer nicht fürs Deutsche Reich optieren wollte, mußte damit rechnen, in südliche Provinzen abgeschoben zu werden.

Der 8. September des Jahres 1943

Ein Waffenstillstand und die Folgen

Über Rom, der Ewigen Stadt, liegt eine drückende Hitze. Wie sengende Pfeile brennen die Strahlen der Sonne. Es ist, als ob dieser Nachmittag nicht vergehen würde, als ob er ewig dauerte. Die Straßen sind wie leergefegt. Rom scheint den Atem anzuhalten an diesem 25. Juli des Jahres 1943.

Die Nachrichten, die von außen in die Hauptstadt dringen, verkünden nichts Gutes. Der Krieg rückt von Woche zu Woche näher an die italienische Haustür. Italienische Soldaten kämpfen in Nordafrika und in Griechenland ohne Glück. In Sizilien sind amerikanische Truppen gelandet. Das Vaterland ist den Feinden fast schutzlos ausgeliefert.

Ein deutscher Tigerpanzer in Bozen-Rentsch

Mussolini wird gestürzt

In weiten Teilen der Bevölkerung wachsen Unruhe und Sorge. Angst macht sich breit. Die kritischen Stimmen gegenüber Benito Mussolini mehren sich. Seit fast genau 21 Jahren ist Mussolini der Führer des faschistischen Italien. Seit drei Jahren kämpfen italienische Truppen Seite an Seite mit den Truppen von Adolf Hitler. Wie eine uneinnehmbare Festung schien viele Jahre hindurch Mussolinis Herrschaft. Aber seit einigen Monaten wackelt der Thron ganz gewaltig. Im Gebäude der faschistischen Herrschaft haben sich große Risse aufgetan. Enge politische Freunde von früher gehen jetzt offen auf Distanz zum Regierungschef. Sie wollen ihn nicht mehr als ihren Duce anerkennen. Sie planen eine Verschwörung gegen Mussolini. Sie wollen seinen Sturz.

Die Entscheidung liegt beim italienischen König. Viktor Emanuel registriert seit Monaten mit feinnerviger Sensibilität die wachsende Unzufriedenheit in der Bevölkerung. Die unzähligen Klagebriefe aus allen Schichten der Bevölkerung, die bei ihm eintreffen, nimmt er sehr ernst. In einem lange geheimgehaltenen Brief an einen engen Mitarbeiter erklärt er:

Ich bin fest entschlossen, Mussolini das Oberkommando über das Heer zu Lande, auf dem Meer und in der Luft zu entziehen, das heißt im Klartext, ihn abzusetzen. Er besitzt mein Vertrauen nicht mehr. Allerdings muß ich mit größter Behutsamkeit vorgehen. Höchste Geheimhaltung ist notwendig.

Die Würfel fallen in einer Sitzung des Faschistischen Großrates am 24. Juli. Dieses Gremium ist jahrelang nicht mehr einberufen worden. Jetzt ist es zusammengekommen, um Mussolinis Ablösung vom Kommando des Heeres, der Marine und der Luftwaffe zu beschließen. Die Entscheidung fällt mit großer Mehrheit. Aber der Duce scheint sich der Tragweite dieser Entscheidung nicht bewußt zu sein. Am kommenden Morgen, dem 25. Juli, geht er wie gewohnt seinen Amtsgeschäften nach. Für den Nachmittag hat er den König um eine Audienz gebeten. Die wird ihm gewährt.

König Viktor Emanuel ist noch in der Nacht von der Entscheidung des Faschistischen Großrates informiert worden. Sie paßt in sein Konzept. Jetzt kann er den entscheidenden Schritt zur Absetzung des Duce tun. Der König empfängt Mussolini mit kühler Höflichkeit. Ohne

9. September 1943: Ein deutscher Tigerpanzer vor dem Gebäude des 4. Armeekorps am heutigen 4.-November-Platz in Bozen. General Gloria hat nach dem ersten Schuß auf die Außenfassade »die Flinte ins Korn geworfen« und die weiße Flagge gehißt.

Italienische Soldaten wurden nach dem 8. September 1943 mehrere Tage in den Bozner Talferwiesen und im Fußballstadion »gefangengehalten«, ehe sie abtransportiert wurden.

Umschweife eröffnet er ihm, daß er sich entschlossen habe, ihn zu entlassen. Als Nachfolger sei bereits Pietro Badoglio ernannt worden. Mussolini kommt aus dem Staunen gar nicht recht heraus, dann trifft ihn bereits der zweite Schlag. Vor der Villa des Königs wird er festgenommen und in eine Carabinierikaserne gebracht. Wenig später wird der Duce auf den Gran Sasso, den höchsten Berg der Apenninen, transportiert und in einem Hotel auf 2100 Meter Höhe gefangengehalten.

»La guerra continua«

In den späten Abendstunden des 25. Juli erfährt die Bevölkerung Italiens durch den Rundfunk die aufsehenerregende Botschaft. Der König meldet sich persönlich zu Wort. Er teilt mit: Marschall Badoglio übernimmt die Regierungsgeschäfte, seine Majestät der König führt das Kommando über alle bewaffneten Streitkräfte. Außenpolitisch gibt es jedoch keine Veränderungen. Italien bleibt seinen Bündnisverpflichtungen gegenüber Hitler treu. *La guerra continua* – der Krieg geht weiter, läßt Badoglio mit großer Lautstärke verkünden.

Die Botschaft, daß der Krieg weitergehe, ist vor allem an die Adresse von Adolf Hitler gerichtet. Denn Mussolini ist der wichtigste Verbündete von Hitler. Zwischen den beiden Diktatoren wurde im Jahr 1939 der Stahlpakt geschlossen. Hitler baut auf die Unterstützung Italiens. Mit dem Duce wollte er Amerikaner, Engländer und Russen in die Knie zwingen. Würde Italien noch bei der Stange bleiben, wenn Mussolini gestürzt ist, oder würde Badoglio geheime Kontakte mit den Amerikanern aufnehmen, um im Alleingang einen Waffenstillstand zu schließen? Über diese Fragen zerbrechen sich Hitler und seine Gesinnungsgenossen in Berlin die Köpfe.

Italienische Soldaten und Offiziere auf dem Weg zum Bozner Bahnhof

Hitler glaubt dem italienischen Marschall nicht. Die Beteuerung Badoglios, daß der Krieg weitergehe, hält der Führer für ein plumpes Ablenkungsmanöver. In Berlin sagt man sich: Warum soll der Duce gestürzt werden, wenn man gewillt ist, weiter gegen die bereits in Sizilien gelandeten Amerikaner zu kämpfen? Hitler wörtlich: *Die erklären, sie kämpfen, aber das ist Verrat!*

Hitler reagiert

Hitler reagiert sofort auf Mussolinis Sturz. Drei Aktionen gelten ihm nun als vordringlich: die Sicherung der Alpenübergänge – vor allem des Brenners, die Festnahme der Regierung in Rom und die Überführung des Duce nach Deutschland. Die deutsche Heeresleitung hat bereits im Mai 1943 genaue Pläne entwickelt für den Fall, daß das faschistische Italien aus dem Bündnis mit Hitler ausscheren wolle. Diese Pläne sind streng geheim und laufen unter dem Losungswort *Alarich und Konstantin*. Mit dem Sturz Mussolinis und seiner Gefangennahme wird das Signal für *Alarich und Konstantin* gegeben. Deutsche Truppen rüsten innerhalb weniger Tage zum Einmarsch in Italien, wo sie all jene militärischen Aufgaben übernehmen wollen, die zuvor die Italiener innehatten.

Spannung spitzt sich dramatisch zu

Die Aktion zur Sicherung des Brenners beginnt am 27. Juli. Das Unternehmen wird vom deutschen General Valentin Feuerstein geleitet, der in Innsbruck seinen Dienstsitz hat. Vom Gauleiter für Tirol und Vorarlberg fordert er zwanzig Postomnibusse für den Truppentransport, die sofort zur Verfügung gestellt werden. Andere deutsche Truppen halten sich in Bereitschaft, um nachzurücken. Auch italienische Alpinidivisionen werden nach Südtirol verlegt. Die Spannung im Lande spitzt sich dramatisch zu. In Innsbruck hat Gauleiter Franz Hofer bereits öffentlich die Wiedervereinigung Tirols gefordert.

Stichtag für den Einmarsch der Deutschen am Brenner ist der 30. Juli. Um 20.10 Uhr überschreitet eine Marschgruppe der 26. Panzerdivision die Grenze. Es wird kein Widerstand geleistet. Zu Zwi-

In das Bozner Rathaus zog nach dem 8. September 1943 wieder ein Südtiroler als Bürgermeister ein. Im Bild ein deutsches Polizeiauto vor dem Hauptportal des Rathauses.

schenfällen mit den Italienern kommt es nicht. In den kommenden Tagen rückt deutsche Verstärkung nach. Im Auge behalten die deutschen Einheiten auf der Linie Brenner–Brixen–Klausen vor allem Straßen- und Eisenbahnbrücken sowie Wasserkraftanlagen. Auch weiter in den Süden entsenden die Deutschen starke militärische Kräfte. Fast pausenlos rollen deutsche Militärkolonnen über die Alpenpässe.

Geteilte Stimmung

In Südtirol herrscht in diesen Tagen Hochstimmung. Die deutschen Heereseinheiten werden mit stürmischem Jubel begrüßt und mit Blumen und Obst geradezu überschüttet. Viele glauben, daß jetzt der Tag der Heimkehr ins Reich und der Wiedervereinigung Tirols nicht mehr weit sein könne. Aber nicht alle Südtiroler stimmen in den Jubel ein.

Jene, die bei der Option im Jahr 1939 gegen die Auswanderung gestimmt haben, sind weniger erfreut. Sie ahnen nichts Gutes. Sie fürchten die Rache der Nationalsozialisten. Führende *Dableiber* erhalten die wohlmeinende Warnung, sich rechtzeitig in Sicherheit zu bringen. Die ADO, die 1939 gegründete Arbeitsgemeinschaft der Optanten, stellt im geheimen eine Selbstschutzorganisation auf, die den Charakter einer lokalen Polizeitruppe hat. Mit ihrem in der deutschen Bevölkerung weitverzweigten Nachrichtennetz kann sie dem Kommando der Deutschen Wehrmacht gute Dienste leisten.

Auch viele Italiener in Südtirol sind besorgt. Vor allem in Bozen beginnen viele von ihnen die Koffer zu packen, um in südlichere Regionen zu ziehen. Sie sind von dort in den zwanziger und dreißiger Jahren nach Bozen zugezogen. Jetzt befürchten sie Repressalien und Übergriffe der Deutschen und wollen Südtirol wieder verlassen.

Die große Wende

Die große Wende kommt Anfang September. General Badoglio läßt offiziell verkünden, daß Italien weiterhin als treuer Bündnispartner zu

9. September 1943: Die einmarschierenden deutschen Truppen wurden auch in Bozen von jubelnden Menschen begrüßt.

Deutschland stehe, insgeheim verhandelt der General jedoch schon seit Tagen mit den Alliierten über einen Waffenstillstand. Am 8. September läßt Badoglio die Maske fallen. Im Abstand von fünf Minuten meldet der Rundfunk immer wieder: Italien hat mit den Alliierten Waffenstillstand geschlossen. Die bedingungslose Kapitulation Italiens ist bereits am 3. September von General Castellano im Auftrag des Königs in einer kleinen Ortschaft Siziliens unterzeichnet worden. Hitler hat jetzt also die Quittung für sein Bündnis mit dem faschistischen Italien erhalten. Auf dem Altar dieses Bündnisses ist 1939 in einem Umsiedlungsvertrag auch Südtirol geopfert worden.

Die Deutsche Wehrmacht ist auf den Schwenk Italiens vorbereitet. In einem geradezu atemberaubenden Tempo werden die italienischen Truppen überwältigt und entwaffnet. Nirgendwo wird nennenswerter Widerstand geleistet. Die deutschen Truppen besetzen weite Teile der Halbinsel bis hinunter nach Kalabrien. In der Umgebung von Rom stehen sieben italienische Divisionen zwei deutschen gegenüber, aber die Italiener versuchen gar nicht, die Hauptstadt zu verteidigen.

Der italienische König Viktor Emanuel will retten, was noch zu retten ist. Er denkt dabei vor allem an sich und an seine Familie. Im römischen Quirinal werden in höchster Eile die Koffer gepackt. Fluchtartig verläßt der König mit Regierungsmitgliedern und hohen Militärs die Hauptstadt. Über den Apennin, Pescara und die adriatische Küste gelangen die Herrschaften nach Brindisi in Apulien, wo sie sich in Sicherheit wähnen. Diese Stadt steht bereits unter der Kontrolle der Amerikaner.

Wie sich nach dem Krieg herausstellt, wäre es für die Deutschen ein leichtes gewesen, den König mit seiner Hofkammerilla gefangenzunehmen. Aber man habe Viktor Emanuel fliehen lassen, weil man ihn nicht zu einem nationalen Märtyrer machen wollte. So bedeckte er sich durch seine Flucht selbst mit Schimpf und Schande.

»An die treuen Kameraden«

Am 12. September 1943 starten die Deutschen in Italien einen großen Coup. In einem tollkühnen Handstreich gelingt es einer Eliteeinheit, Mussolini trotz strengster Bewachung aus dem Hotel auf dem Gran Sasso zu befreien. Der Duce wird zuerst mit einem Flugzeug nach

Wien und dann über München zu Hitler ins ostpreußische Hauptquartier geflogen. Dort beraten die beiden Diktatoren über die Neugründung der Faschistischen Partei und die Wiedererrichtung der faschistischen Herrschaft in Italien. Am 15. September wendet sich Mussolini über Radio München in einer Rede an die *treuen Kameraden ganz Italiens*. Der Duce erklärt wörtlich:

Von heute an übernehme ich wieder die höchste Leitung des Faschismus in Italien. Die Monarchie, die ihren Pflichten nicht nachgekommen ist, hat ihre Lebensberechtigung verloren. Der neue Staat soll national und sozial sein. Das neue Italien wird seinen Kampf an der Seite der Verbündeten wiederaufnehmen und alle Verräter ausmerzen. Der Faschismus wird Italien seinen Platz in der Welt wiedergeben. Es lebe Italien.

»Repubblica di Salò«

Der Sitz der neuen faschistischen Regierung sollte auf Wunsch der Deutschen eine Kleinstadt in Oberitalien sein. Zuerst wird Belluno in Betracht gezogen, dann einigt man sich schließlich auf Salò am südlichen Ende des Gardasees. Anfang Oktober kehrt der Duce nach Italien zurück, bezieht in Salò sein Hauptquartier und ruft offiziell die *Italienische Soziale Republik* aus. Von hier aus versucht er, rasch einige militärische Einheiten auf die Beine zu stellen, die gegen Amerikaner und Engländer und gegen italienische Guerillas kämpfen sollten.

Für Italien bedeuten das Überleben von Mussolini und sein Zusammenspiel mit Hitler ein großes Glück. Ansonsten hätte der *Führer* aus dem Lande, das alle seine Träume zerstört hat, wohl ein Land der *verbrannten Erde* gemacht.

Der 8. September in Südtirol

In Südtirol markiert der 8. September 1943 auch eine große Wende. Bereits um 20.30 Uhr beginnen am Brenner die ersten Kampfhandlungen zwischen Deutschen und Italienern. Der Befehl der Deutschen lautet: Brennerbad in Besitz nehmen, Italiener entwaffnen, bis nach Bozen durchstoßen und die Achse Brenner–Brixen–Bozen unter Kontrolle halten.

2. September 1943: Bomben über Bozen. Beim ersten Fliegerangriff schlugen die Bomben nahe der Eisackbrücke und dem Zugbahnhof ein.

Ähnliche Befehle werden auch für das Pustertal und für den Vinschgau ausgegeben. Die italienischen Soldaten leisten keinen nennenswerten Widerstand. Um 23.30 werden Gossensaß und Sterzing von den Italienern bedingungslos den Deutschen übergeben. Die Deutschen marschieren weiter gegen Brixen und Klausen. Um 3 Uhr früh des 9. September beginnt die Besetzung von Bozen. In der Landeshauptstadt werden die italienischen Truppen von einem General namens Gloria befehligt, der jedoch seinem Namen wenig Ehre macht. Er residiert im Gebäude des 4. Armeekorps am heutigen 4.-November-Platz und wartet auf Anweisungen aus Rom. Die treffen jedoch nicht ein. Also muß Gloria selber Entscheidungen treffen. Als gegen 2 Uhr früh ein deutscher Tigerpanzer über die Talferbrücke rollt und einen Schuß auf die Vorderseite des Gebäudes abfeuert, zieht der General die weiße Fahne hoch. Der Kommandant mit all seinen Offizieren ergibt sich ohne Gegenwehr.

Am 13. Mai 1944 wurde die Bozner Pfarrkirche von Bomben schwer getroffen.

Um drei Uhr morgen ist der Bahnhof in deutscher Hand, und wenig später sind auch die Kasernen besetzt. Nur am Flugplatz wird noch für kurze Zeit weitergekämpft. Dann bricht auch dort der Widerstand zusammen. Tausende von italienischen Soldaten werden auf den Talferwiesen zusammengetrieben. Sie bleiben dort für einige Tage, bis sie abtransportiert werden.

»Operationszone Alpenvorland«

In Südtirol gehen die Uhren nach der Besetzung durch die Deutsche Wehrmacht anders. Hitler erläßt am 10. September eine Verordnung, mit der die drei Provinzen Bozen, Trient und Belluno zur *Operationszone Alpenvorland* zusammengelegt werden. Zum obersten Kommissar wird der Nordtiroler Gauleiter Franz Hofer ernannt. Das Gebiet bleibt staatsrechtlich zwar bei Italien, in der Praxis jedoch haben die Vertreter des Dritten Reiches das ausschließliche Sagen.

In das Bozner Rathaus zieht als erster Bürger der Stadt wieder ein Südtiroler ein. Auch in den anderen Gemeinden des Landes kehren Südtiroler wieder in die Rathäuser zurück. Auch deutsche Aufschriften, die zwanzig Jahre lang verboten waren, sind wieder erlaubt, und in den öffentlichen Ämtern darf wieder deutsch geredet werden. Bolzano darf offiziell wieder Bozen heißen, und die Kurstadt an der Passer auch wieder Meran. Auch der *Walther-von-der-Vogelweide-Platz in Bozen*, der von den Faschisten in *Piazza Vittorio Emanuele* umgetauft worden war, erhält seinen alten Namen zurück. Mit viel Einsatz wird die deutsche Schule, die ebenfalls zwanzig Jahre lang verboten war, wieder aufgebaut. Und deutsche Zeitungen können jetzt in Südtirol auch wieder erscheinen und gekauft werden, ebenso wie im Rundfunk ein deutsches Programm ausgestrahlt wird. Die *Dolomiten* werden allerdings von einem Tag auf den anderen verboten, und die Verlagsanstalt Athesia wird enteignet. An Stelle der *Dolomiten* erscheint die *Landeszeitung*, die nach wenigen Tagen in *Bozner Tagblatt* umbenannt wird.

Schwere Zeiten für die Dableiber

Schwere Zeiten beginnen in diesen Spätsommertagen des Jahres 1943 für jene Südtiroler, die 1939 nicht für das Deutsche Reich optiert haben. Es sind dies die sogenannten Dableiber. Sie haben damals die Parole ausgegeben, die Heimat unter keinen Umständen aufzugeben und haben sich deswegen den Zorn der Nationalsozialisten zugezogen. Dutzende und Aberdutzende werden verhaftet und in Kerker geworfen oder in Konzentrationslager des Dritten Reiches gebracht.

Zu einem Symbol des Widerstandes gegen die Nationalsozialisten ist *Josef Mayr Nusser* aus Bozen geworden, der Diözesanführer der Katholischen Jugend gewesen ist. Er wird zum Kriegsdienst nach Westpreußen einberufen, verweigert aber die Eidesleistung für die Waffen-SS. Darauf sollte er in ein Konzentrationslager gebracht werden, stirbt jedoch auf dem Transport dorthin.

Insgesamt werden damals weit über hundert Südtiroler in Lager oder in Gefängnisse eingeliefert. Zweiundzwanzig Südtiroler sind von den Schergen Hitlers hingerichtet worden, die Italiener dagegen, welche die Südtiroler zwanzig Jahre lang gequält haben, werden von den Nationalsozialisten nicht belästigt.

Das wohl prominenteste Opfer der nationalsozialistischen Verfolgung ist der Priester und spätere Kanonikus Michael Gamper. Er wird von den Nationalsozialisten in Südtirol zum Volksfeind Nummer eins erklärt, weil er 1939 ein erbitterter Gegner der Auswanderung war (siehe dazu das Kapitel auf Seite 63).

Gamper hat im Sommer 1943 Bozen verlassen und sich in das Pfarrhaus von Wangen am Ritten zurückgezogen. Dort bespricht er mit einem kleinen Kreis von Vertrauensleuten immer wieder die Lage in Südtirol. Gamper entwickelt Pläne für die Zeit nach dem Sturz des Faschismus und des Nationalsozialismus. Mit seinem feinen politischen Spürsinn sieht er voraus, daß die Herrschaft dieser Wahnsinnigen, wie er Hitler und Mussolini nennt, nicht lange dauern kann.

Indes verdüstert sich der Himmel über Südtirol immer mehr. In Bozen, das bisher vom Krieg direkt wenig zu spüren bekommen hat, fallen Anfang September die ersten Bomben. Ausgewählte Ziele sind vor allem die Gegend um den Bahnhof, die Pfarrkirche und die Loretobrücke. In den kommenden Monaten wird Bozen wie andere Ortschaften in Südtirol immer häufiger von Luftangriffen heimgesucht. Verwüstung und Zerstörung prägen das Bild. Auch viele Menschen kommen zu Schaden, werden verletzt oder getötet.

Je länger der Krieg dauert, desto rücksichtsloser herrschen die nationalsozialistischen Machthaber in Südtirol. Viele Südtiroler werden zum Kriegsdienst oder zu Polizeiformationen eingezogen, die auch an der Front eingesetzt werden. Die Einberufung trifft auch jene Männer, die 1939 nicht fürs Deutsche Reich optieren und somit italienische Staatsbürger sind. Jugendliche und alte Männer werden wie Frauen zum militärischen Arbeitsdienst verpflichtet.

Wer sich weigert, setzt sein Leben aufs Spiel. Der Oberste Kommissar in Südtirol, *Franz Hofer*, führt die Sippenhaft ein: Sämtliche Familienmitglieder eines Befehlsverweigerers werden festgenommen und in Gefängnisse oder Arbeitslager gesteckt.

Widerstand gegen Nationalsozialisten

In Südtirol macht sich zunehmend Widerstand gegen das Gewaltregime der Nationalsozialisten bemerkbar. Getragen wird die Opposition maßgeblich von einer Bewegung, die sich Andreas-Hofer-Bund nennt und im Jahr 1939 gegründet wurde. Die Kerngruppe dieser antinazistischen Bewegung setzt sich aus einem Dutzend Nichtoptanten zusammen. Michael Gamper gehört dazu, der Bozner Kaufmann Erich Amonn und verschiedene andere.

Der Andreas-Hofer-Bund muß mit äußerster Vorsicht zu Werke gehen, um nicht in den Würgegriff der Nationalsozialisten zu geraten. Er begünstigt die Fahnenflucht von Kriegsdienstverweigerern, stellt Kontakte zu österreichischen, französischen und italienischen Widerstandsgruppen her und hat auch einen Draht zu den Amerikanern. Ziel der Gruppe ist es, nach dem nunmehr unschwer vorauszuahnenden Untergang des Tausendjährigen Reiches von Hitler die Wiedervereinigung Tirols zu erreichen.

Hitlers Reich fällt im Mai 1945 in Schutt und Asche. Mussolini ist schon zuvor auf der versuchten Flucht in die Schweiz getötet worden. Mit dem Ende des Weltkrieges beginnt auch in Südtirol eine neue Ära. Das neue politische Haus in Südtirol bauen vornehmlich jene Männer und Frauen, die den Nationalsozialisten die Stirn geboten haben. Dabei ist die Rolle von Michael Gamper von historischer Bedeutung. Er hat unmittelbar nach Kriegsende Brücken zu seinen ehemaligen Peinigern geschlagen und versucht, die Wogen zwischen Dableibern und Optanten zu glätten. Er wußte, daß ohne die Kriegsgeneration – also ohne Optanten – ein Neuanfang in Südtirol nicht möglich war.

Der Pariser Vertrag, die »Magna Charta« für die Südtiroler

Es war am 5. September des Jahres 1946. In Paris trafen an jenem Donnerstag zwei hohe Politiker zusammen: der österreichische Außenminister Karl Gruber und der italienische Außenminister Alcide Degasperi. Auf dem Verhandlungstisch lag der Entwurf eines Vertrages, der für Südtirols Zukunft von grundlegender Bedeutung ist. An dem in englischer Sprache verfaßten Text haben Diplomaten beider Staaten wochenlang herumgefeilt. Es waren zwei maschinengeschriebene Seiten, die zur Unterschrift bereitlagen. Als *Karl Gruber* und *Alcide Degasperi* das Gruber-Degasperi-Abkommen unterschrieben hatten, schlug für Südtirol eine historische Stunde.

Eine lange Vorgeschichte

Die Vorgeschichte des Pariser Vertrages reicht zurück bis ins Jahr 1919. Auch damals stand Paris – genauso wie 1946 – im Mittelpunkt der Weltöffentlichkeit. In den Vororten der französischen Hauptstadt tagten die Siegermächte des Ersten Weltkrieges. Sie hielten Rat über die Zukunft Europas. Einer dieser Vororte heißt Saint Germain. Da schlug auch eine historische Stunde für Südtirol. Die Großmächte entschieden, daß am Brenner eine Staatsgrenze gezogen wird. Tirol wurde damit zerrissen: Der Norden des Landes blieb bei Österreich, der Süden kam zu Italien.

In Südtirol lebten damals kaum mehr als eine Handvoll Italiener, rund 95 Prozent der Bevölkerung waren deutsch. Viele Menschen konnten nicht begreifen, daß ein fast rein deutsches Land dem Staate Italien einverleibt wurde. Sie waren damit nicht einverstanden, aber sie mußten sich in das Unvermeidliche fügen. Das Recht auf Volksabstimmung wurde ihnen nicht eingeräumt. Italien wurde 1919 nicht einmal verpflichtet, den Südtirolern eine Autonomie, eine Selbstverwaltung, zu gewähren. Die Siegermächte hatten großes Vertrauen zum Staat Italien, und italienische Politiker wurden nicht müde, öffentlich zu erklären, daß Sprache, Schule und Kultur der Südtiroler auch in Zukunft respektiert würden.

Aber diese Versprechen zerplatzten wie Seifenblasen, als in Rom Mussolini mit den Faschisten an die Macht kam. Sein Ziel war es, die Südtiroler zu italienisieren. Das Programm, das vornehmlich von Ettore Tolomei entwickelt wurde, umfaßte alle Bereiche des öffentlichen Lebens: Die Schule, die Gemeinden, die Wirtschaft, die Flur- und Ortsnamen – der Name Tirol durfte nicht mehr verwendet werden – und sogar die deutschen Familiennamen sollten italienisiert werden.

Das war in den zwanziger und dreißiger Jahren. Im Jahr 1939 schlossen die Faschisten Mussolinis mit den Nationalsozialisten von Adolf Hitler einen Vertrag über die Umsiedlung der Südtiroler ins Deutsche Reich. Wer deutsch bleiben wollte, sollte die Heimat verlassen und aussiedeln. Und wer in Südtirol blieb, hatte nach damaligen Erkenntnissen keine reale Chance mehr, seine deutsche Sprache und Kultur zu erhalten. Die Faschisten hofften damit, das Südtirolproblem endgültig zu ihren Gunsten zu *lösen* – das heißt, das Land ein für allemal zu italienisieren.

Aber Mussolini, der Duce der Faschisten, wurde im Jahr 1943 gestürzt und später getötet, und das Reich von Adolf Hitler lag am Ende des Zweiten Weltkrieges in Schutt und Asche. Europa, das unter den Bomben des Krieges am meisten zu leiden hatte, mußte aus den Ruinen neu erstehen. Die Vereinigten Staaten von Amerika, die Sowjetunion, England und Frankreich waren die Großmächte, die den Krieg gewonnen hatten. Deutschland in erster Linie und Österreich, das im Jahr 1938 von Hitler besetzt worden war, standen in Europa als die großen Verlierer da. Italien hatte zwar auch die Last des Bündnisses mit Hitler zu tragen, war jedoch bereits zwei Jahre vor Kriegsende aus der unheiligen Allianz ausgebrochen.

Am Ende des Krieges war Italien damit in einer weitaus günstigeren Position als beispielsweise Österreich. Italien war ein souveräner Staat, während Österreich am Ende des Weltkrieges in vier Besatzungszonen aufgeteilt wurde: in eine amerikanische, eine englische,

Am 5. September 1946 unterzeichneten in Paris der italienische Ministerpräsident Alcide Degasperi und der österreichische Außenminister Karl Gruber ein Abkommen, das eine Autonomie für Südtirol vorsah.

eine französische und in eine russische. Die Regierung in Wien war bei ihren Entscheidungen weitgehend von den Behörden der Besatzungsmächte abhängig. Das hatte auch schwerwiegende Auswirkungen auf Südtirol.

Dolomiten

Tagblatt der Südtiroler

Nr. 1 | C. C. P. | Samstag, 19. Mai 1945 | 1 Lira | 22. Jahrgang

Zum Geleite

Dr. A. H. — Es ist ein seltsames Wunder der Natur, wenn an manchen Sommerabenden die Gebirgskette des Rosengartens so märchenhaft rot aufleuchtet, ein Wunder, das in aller Welt bekannt ist und bestaunt wird. Es ist so seltsam, als wollte hier die Natur einen Vergleich ziehen zur Geschichte dieses Landes, das seit fast zwei Jahrtausenden immer wieder in den Brennpunkt der Ereignisse von hochpolitischer Bedeutung gekommen ist. So zahlreich wie die Alpenblumen, die auf den Hängen dieser schönsten Berge Europas blühen, so zahlreich sind die Grabkreuze, die den Opfertod jener decken, die für den Bestand dieses Bergvolkes ihr Blut, ihr Leben gegeben haben. Immer wieder, wenn Europa von großen geschichtlichen Erschütterungen durchzogen wurde, ging es wie ein gewaltiges Erdbeben auch durch das Gebiet der Dolomiten, durch jenes Land, das die Brücke zwischen Nord und Süd darstellt. Nur der göttlichen Vorsehung ist es zu danken, daß in diesem gewaltigen sechsjährigen Ringen zwischen Gut und Böse das Land vor einer großen Katastrophe errettet wurde und daß sich im letzten Augenblick Männer fanden, die unsägliches Leid durch entschlossenes Handeln vermieden. Heißer Dank strömt darob aus allen Herzen zum Himmel, verbunden mit dem Wunsch und dem Willen, nunmehr wieder im eigenen Lande mitzuhelfen, einen nicht unwesentlichen Baustein zum Wiederaufbau des zerrissenen europäischen Kontinentes zu liefern.

Denn fürwahr, es ist ja nicht das erste Mal, daß die Bevölkerung der Dolomiten entscheidend in die Geschichte eingegriffen hat. Wenn wir heute zurückblicken, so sehen wir aber immer eine bestimmte politische Linie, die so klar und fest ist, wie die Konturen der Berge, die das Land umrahmen: Es ist die Politik von Menschen, die, aus dem Boden gewachsen, eng verbunden im Glauben an Himmel und Erde, nur den besten menschlichen Idealen lebten. Es genügt wohl festzustellen, daß das kleine Südtiroler Bergvolk durch sein Schaffen auf künstlerischem, auf wirtschaftlichem und ebenso auf politischem Gebiet immer wieder bahnbrechend und besonders vermittelnd und versöhnend nach Süden hin zu dem romanischen Nachbarvolk gewirkt hat. Ist es nötig, einen Hannibal, einen Tazitus zu zitieren, die in ihren Kriegsberichten betonten, in diesen Bergen Menschen getroffen zu haben, „die den Samen für viele andere Völker abgeben könnten". Ist es nötig, an den Minnesänger Walther von der Vogelweide zu erinnern, der Lieder sang von Menschenleid und Menschenfreud, die heute noch in aller Welt den wahren Spiegel unserer Seele darstellen gegenüber dem terroristischen Schwertgerassel einer preußischen Politik. Das wahre Gemüt, die wahre Seele unseres Volkes hatte in den Dolomiten immer den stärksten Hort. Sie lehnte sich 1809 gegen die Diktaturbestrebungen eines Napoleon auf, Tirol eröffnete als erster deutscher Stamm den Kampf gegen die bis dahin unbesiegten Heere des Korsen, Andreas Hofer schlug am Berg Isel das Heer Lefebres und bewies damit, daß es gewillt war, den heimatlichen Boden, den heimatlichen Menschen in naturhaft demokratischem Geiste gegen Diktatoren zu verteidigen. Ob man die folgende Geschichte der Habsburger-Monarchie im Kampf gegen das auftretende Preußentum durchblättert, ob man die Werke der Südtiroler Dichter, Künstler und Politiker liest, immer wieder sieht man den Willen dieses Bergvolkes: gleich zu sein den Bergen seiner Heimat, fest und stark im Glauben an Mensch und Himmel, wie die Zinnen der Felsen hoffnungsvoll nach oben ragen.

Es ist die Tragik der geopolitischen Lage des Landes als Brücke zwischen Nord und Süd, die diesen Glauben und dieses Wollen immer wieder in blutige Geschehnisse durch andere Mächte verwickelte. Ob der Imperialismus vom Süden oder vom Norden kam, das Land der Dolomiten wurde in den entstandenen Konflikt verwickelt. Das Wort Churchills von „Blut, Schweiß und Tränen" gilt wohl für kein anderes Land dieses Planeten mehr wie für unser Land der Dolomiten. Noch einmal in der Geschichte hatte dieses Bergvolk Hoffnung auf eine kommende lange Periode des Friedens. Es war im Jahre 1866, als die Entscheidungsschlacht zwischen Preußen und Oesterreich geschlagen wurde. Sollte Oesterreich siegen, das willens war, Vorbote einer europäischen Völkerfamilie zu sein, oder das imperialistische Preußen, das Völker unterjochen wollte. Preußen siegte und hatte damit die Grundlage einer Politik geschaffen, die schließlich und endlich zu zwei Weltkriegen führte. Und wieder war es das Bergland der Dolomiten, das in den Brennpunkt der Ereignisse trat, als Hitler zur Gewinnung der faschistischen Freundschaft den endgültigen Verzicht auf das Gebiet der Dolomiten aussprach. Wirrnis um Wirrnis folgte, der gesunde demokratische Geist des Landes kämpfte gegen die einbrechende Flut der Apostel eines nationalen Fanatismus, der zu jenen satanischen, widersinnigen Orgien führte, die u. a. mit dem Namen eines Gauleiters Hofer verbunden sind. Noch im letzten Augenblick wollte dieser Mann die letzten Männer dieses Bergvolkes für die Interessen eines längst verhaßten preußischen chauvinistischen Systems opfern. Da regte sich aber wieder einmal der gesunde Instinkt dieser Bergmenschen, die aufstanden und den Weg der Versöhnung beschritten, der durch die Verhältnisse allein gegeben war.

Ob 1809, ob 1866, ob 1918 oder 1945, der Weg der Menschen dieses Landes wird immer derselbe bleiben: so wie sie ihre Heimatscholle in erbittertem Kampf gegen die harten Mächte der Natur verteidigen, so wie sie sich in der Vergangenheit die höchsten Werte von Glaube und Heimat mit ihrem Blut gegen alle Widersacher immer erkämpft haben, so werden sie auch nunmehr nach der furchtbaren Katastrophe, die Europa nach dem faschistischen und nationalsozialistischen Regime heimgesucht hat, wieder einmal zum Spaten des Friedens greifen, um nicht nur für sich, sondern wie in der Vergangenheit, als Pioniere ewiger Menschheitswerte für eine bessere Zukunft zu arbeiten. Je härter die Jahre der Unterdrückung jedes echten demokratischen Wollens waren, desto härter wird auch der Wille sein, nach diesem unsäglichen Blutbad diese Werte für alle Zukunft zu verteidigen.

Das Glühen des Rosengartens soll nicht mehr Spiegel vergossenen Blutes im Kampf der Völker sein, das Rot des Rosengartens soll vielmehr wie ein Fanal des Friedens der friedlichen Arbeit im Lande selbst und überall dort sein, wo Menschen wohnen die guten Willens sind.

In diesem Sinne grüßen wir alle Südtiroler und rufen sie auf zu geeinter Arbeit für Volk und Heimat!

Aufruf

der Südtiroler Volkspartei

Südtiroler!

Das unvermeidliche, an Furchtbarkeit alle Vorstellungen und Ausmaße übersteigende Ende des Nationalsozialistischen Regimes ist eingetreten. Ströme vergossenen Blutes, blühende Städte und Dörfer in Schutt und Asche gelegt, Hunger und Elend, unsägliches Leid und der Abscheu der ganzen Welt vor den wahrhaft teuflischen Methoden der Vergewaltigung und Ausrottung unzähliger unschuldiger Menschen durch die Gestapo sind das traurige Erbe des Dritten Reiches, das ein tausendjähriges sein wollte, aber schon nach zwölfjährigem Bestande zusammenbrach.

Südtiroler, erinnert Euch an alle Weissagungen und Versprechungen falscher Propheten! Vergleicht die entsetzliche Wirklichkeit mit den Trugbildern, die Euch seit Jahren vorgegaukelt wurden und Ihr werdet begreifen, daß ein neuer Weg begangen werden muß! Nicht Haß, Gewalt und nationale Überheblichkeit, sondern gegenseitiges Verstehen, Freiheit der Persönlichkeit, Achtung vor der Menschenwürde und ein auf ewigen, göttlichen und menschlichen sittlichen Gesetzen beruhendes Handeln sichern nicht nur dem Einzelnen, sondern auch einem Volke die Kraft, sich zu behaupten und zu erhalten.

Auch Ihr habt schwer gelitten. Aber durch das entschlossene Handeln einiger mutiger Männer ist im letzten Augenblick das furchtbarste Schicksal, die totale Zerstörung Eures Landes, das Euch in aussichtloser Lage von verbrecherischer Hand zugedacht war, vermieden worden.

Faschismus und Nazismus müssen überwunden werden, gründlich, gänzlich, für immer!

So und in diesem Sinne soll in dieser schicksalsschweren Stunde die freie Einheit und Geschlossenheit der Südtiroler zu neuem Leben erstehen. Vertrauensleute aus allen Teilen des Landes haben die Südtiroler Volkspartei gegründet, und zwar mit folgendem

Programm:

1. Nach 25jähriger Unterdrückung durch Faschismus und Nationalsozialismus den kulturellen, sprachlichen und wirtschaftlichen Rechten der Südtiroler auf Grund demokratischer Grundsätze Geltung zu verschaffen.
2. Zur Ruhe und Ordnung im Lande beizutragen.
3. Seine Vertreter zu ermächtigen — unter Ausschluß aller illegalen Methoden — den Anspruch des Südtiroler Volkes auf Ausübung des Selbstbestimmungsrechtes bei den alliierten Mächten zu vertreten.

Südtiroler! Sammelt Euch und seid einig unter dieser Fahne!

Die alliierten Militärbehörden haben unseren Bestand und unser Recht auf Zusammenschluß in einer Partei anerkannt, die den italienischen Parteien als gleichberechtigt gegenübersteht. Über unser endgültiges Schicksal wird von den alliierten Mächten entschieden werden, denen wir unsere Wünsche frei vortragen können. Doch dürfen diese Wünsche jetzt nicht zum Gegenstand politischer Kundgebungen gemacht werden, um Ruhe und Ordnung nicht zu stören, deren Aufrechterhaltung das oberste Gebot der Stunde ist. Wir sind mit den Vertretern der italienischen Parteien einig in dem Wunsche einer Zusammenarbeit, welche Ruhe und Ordnung sichert, den Wiederaufbau alles Zerstörten sogleich in Angriff nimmt, die Fortführung und Förderung unseres wirtschaftlichen Lebens und die Sicherheit unserer bürgerlichen Rechte auf allen Gebieten des öffentlichen Lebens gewährleistet. Wir wollen uns hierin nicht beirren lassen durch die verschiedenen Willkürakte, die während der letzten Tage geschehen sind. Wir sind vielmehr überzeugt, daß die verantwortlichen Männer das Ihre tun werden, um sie abzustellen.

Südtiroler! Auch in den Zeiten schwerster Unterdrückung mußte Eure Disziplin, Eure Ruhe und Euer Wille zur unverdrossenen Arbeit anerkannt werden. Sie sind die Tugenden, die der Augenblick von Euch fordert. Bestehen wir die Bewährungsprobe dieser Übergangszeit, dann wird auch uns eine bessere Zukunft leuchten.

Bozen, am 12. Mai 1945.

Erich Amonn
Obmann der Südtiroler Volkspartei

Schillingwährung in Oesterreich

In den von den alliierten Truppen besetzten Ländern des ehemaligen Bundesstaates Oesterreich wurde nunmehr wieder die Schillingwährung eingeführt. Als Umrechnungskurs wurde der Betrag von je einem Schilling für eine Reichsmark festgesetzt, so daß die neue Währungsumstellung einfach und ohne besondere Schwierigkeiten durchgeführt werden kann.

Der Schilling und der Groschen als Kleinmünze wurde seinerzeit in Oesterreich unter Bundeskanzler Dr. Seipel eingeführt, nachdem der geniale österreichische Staatsmann durch seine klugen und energischen Maßnahmen sowie mit Hilfe des Völkerbundes die katastrophale Inflation der alten Kronenwährung überwunden hatte.

Die Lage in Kärnten

Radio London berichtet: In Kärnten wurde eine Proklamation angeschlagen unterzeichnet von einem jugoslawischen Offizier, der sich als Befehlshaber der Militärzone Kärnten bezeichnet. Das ganze Gebiet des befreiten Kärnten stehe unter der militärischen Kontrolle der jugoslawischen Armee. Tatsache ist jedoch, daß Klagenfurt, die Hauptstadt von Kärnten, unter einer von der 8. britischen Armee eingesetzten Militärregierung steht. Der Raum Klagenfurt fällt daher in das Operationsgebiet von General Alexander. Der Inhalt der jugoslawischen Proklamation entspricht also nicht den Tatsachen.

Wie Radio London weiter meldet, halten sich die jugoslawischen Truppen kaum an die festgelegte Grenzziehung und tauchen immer wieder in den britischen Stellungen auf. Das jugoslawische Kommunique Titos erklärt: Jeder organisierte Widertand der deutschen Truppen in Jugoslawien ist beendet. 10.000 Mann haben kapituliert. Unter den Gefangenen befindet sich der deutsche Befehlshaber, Feldmarschall Löhr.

Zu den zentralen Punkten der unmittelbar nach Kriegsende gegründeten Südtiroler Volkspartei gehörte die Forderung des Selbstbestimmungsrechtes für die Südtiroler.

»Das Gebet jedes Österreichers«

Die Südtiroler wollten am Ende des Zweiten Weltkrieges wieder nach Österreich zurück, sie hofften, daß das Unrecht wieder gutgemacht würde, das ihnen 1919 angetan worden war. Damals hatten ihnen die Siegermächte das Selbstbestimmungsrecht verweigert. Würden sie es diesmal gewähren? Schon wenige Monate nach Kriegsende sandte der damalige Nordtiroler Landeshauptmann und spätere österreichische Außenminister Karl Gruber an die Staatsmänner der Siegermächte ein Telegramm, in dem er um die Rückgliederung Südtirols an Österreich ersuchte. Auch die österreichische Staatsregierung in Wien formulierte ein ähnliches Ansuchen. Anfang September 1945 demonstrierten in den Straßen von Innsbruck 100.000 Menschen, sie verlangten das Selbstbestimmungsrecht für Südtirol. Und der erste österreichische Bundeskanzler nach dem Krieg, Leopold Figl, sagte im Wiener Parlament wörtlich: *Die Rückkehr Südtirols zu Österreich ist das Gebet jedes Österreichers.*

In Südtirol selbst wurden die Anliegen der Menschen vor allem von der *Südtiroler Volkspartei* wahrgenommen. Die am 8. Mai 1945, also einen Tag nach Kriegsende in Bozen gegründete SVP formulierte als Hauptziel die Rückkehr Südtirols zu Österreich. Um dieser Forderung Nachdruck zu verleihen, versammelten sich am 5. Mai 1946 rund 20.000 Männer und Frauen im Burghof von Schloß Sigmundskron. Viele trugen Plakate mit, auf denen der Wunsch nach Rückkehr zu Österreich geschrieben stand. *Nicht Haß, sondern Volkswille!* war auf einem Plakat zu lesen. Und auf einem anderen: *Wir bitten die Siegermächte: Schenkt uns unsere Heimat!*

Mittlerweile hatten die Außenminister der Siegermächte in Paris begonnen, Rat zu halten über die neue Lage in Europa. Die politische Landkarte mußte nach der Niederlage Deutschlands neu gezeichnet werden, die politischen Verhältnisse im alten Kontinent waren neu zu ordnen. Südtirol war verständlicherweise in Paris nur eines von vielen Problemen, die gelöst werden sollten. Aber für die Deutschen und Ladiner in Südtirol war es das wichtigste. Sie hofften auf die Rückkehr zu Österreich. Aber die Entscheidung lag eben nicht bei ihnen, auch nicht bei Österreich und auch nicht bei Italien, sondern bei den vier

Großmächten, die den Krieg gewonnen hatten, bei den USA, England, Frankreich und Rußland.

Volksabstimmung verweigert

Die Weichen wurden im Frühjahr des Jahres 1946 gestellt. Am 1. Mai dieses Jahres beschlossen die Außenminister der Großmächte, eine Volksabstimmung in Südtirol nicht zuzulassen. Für die Südtiroler war das eine schreckliche Enttäuschung, auch für Österreich war es ein schwerer Schlag. Aber ganz wollte man die Hoffnung auf eine Veränderung der Grenze am Brenner noch nicht aufgeben. Der Beschluß war vorderhand nur von den vier Außenministern gefaßt worden. In Paris war ab Ende Juli 1946 noch die Friedenskonferenz anberaumt worden, an der 21 Nationen teilnahmen. Sie hatten das letzte Wort.

Österreich stellte den Antrag, seinen Standpunkt betreffend Südtirol auf dieser Friedenskonferenz darlegen zu dürfen. Und siehe da, obwohl die Staaten des Ostblocks – allen voran die Sowjetunion – einstimmig dagegen waren, wurde der österreichische Außenminister Karl Gruber zur Konferenz nach Paris eingeladen. Amerikaner, Engländer und Franzosen hatten es durchgesetzt, und am 21. August 1946 hielt Karl Gruber in Paris vor den Abgesandten von 21 Staaten eine Rede, in der er nochmals die Stellungnahme Österreichs zur Südtirolfrage erläuterte. Auch zwei Südtiroler hielten sich damals in Paris auf, Friedl Volgger und Otto von Guggenberg. Sie standen dem Minister beratend zur Seite, aber das Steuer war nicht mehr herumzureißen. An der Tatsache, daß Südtirol bei Italien zu bleiben hatte, war nicht mehr zu rütteln.

Bewegung hinter den Kulissen

Hinter den politischen Kulissen wurde es aber noch einmal bewegt. Auf Betreiben der Vereinigten Staaten und Englands kamen zunächst vorsichtige Kontakte und dann intensive Gespräche zwischen Österreich und Italien in Gang. Diese Gespräche liefen auf eine direkte Vereinbarung zwischen Österreich und Italien in Sachen Südtirol hinaus. Hohe Regierungsbeamte beider Staaten formulierten Vorschläge,

158.628 Südtiroler forderten nach Kriegsende mit ihrer Unterschrift die Rückkehr nach Österreich. Am 22. April 1946 wurden in Innsbruck dem österreichischen Bundeskanzler Leopold Figl die Mappen mit den Unterschriften übergeben.

tauschten sogenannte Noten aus, und schließlich lag ein Vertragsentwurf auf dem Tisch, der am 5. September 1946 vom österreichischen Außenminister Karl Gruber und seinem italienischen Amtskollegen Alcide Degasperi unterzeichnet wurde. Das Abkommen sieht eine Autonomie, eine Selbstverwaltung, für Südtirol vor.

Was ist der konkrete Inhalt dieses bilateralen Vertrages? Was garantiert er? Die Südtiroler haben – beispielsweise – das Recht auf Schulen in der Muttersprache. Das war im Jahr 1946 keineswegs selbstverständlich. Bekanntlich war ja in den zwanziger und dreißiger Jahren der Unterricht in der deutschen Sprache von den Faschisten fast gänzlich verboten worden. Weiters garantiert der Pariser Vertrag den Südtirolern das Recht, in den öffentlichen Ämtern ihre Muttersprache zu verwenden. Dieses Recht ist in Wirklichkeit bis heute noch nicht völlig verwirklicht, weil in staatlichen Ämtern verschiedene Beamte noch immer nicht die deutsche Sprache beherrschen. Die Rede ist im Vertrag dann auch von einer angemessenen Verteilung der Beamtenstellen. Das bedeutet, daß die Südtiroler ein Anrecht auf eine gewisse Zahl von Beamtenstellen haben, und zwar in den Gemeinden, in der Landesverwaltung und in den halbstaatlichen und staatlichen Stellen. Weiters müssen die von den Faschisten italienisierten Orts- und Flurnamen wieder in deutscher Sprache *hergestellt* werden. Dann ist von der Anerkennung der in Österreich erworbenen Studientitel die Rede. Jenen Südtirolern, die zur Zeit der Option ausgewandert sind, soll die Rückkehr in die Heimat erleichtert werden, und zwischen Nord- und Südtirol wird ein erleichterter Warenaustausch eingeführt.

Am 5. Mai 1946 wurde in einer großen Kundgebung auf Schloß Sigmundskron das Recht auf Selbstbestimmung gefordert.

International gültiges Dokument

Mit einem Wort: Der Pariser Vertrag garantiert den Südtirolern eine Autonomie, das heißt eine Selbstverwaltung. Das Land bleibt zwar bei Italien, aber für die innere Gestaltung ihres Landes sind die Südtiroler weitgehend allein zuständig. Und Österreich, das den Vertrag mit unterzeichnet hat, hat das Recht und die Pflicht darüber zu wachen, daß Italien den Vertrag auch einhält. Zudem ist dieser Vertrag auch Teil des Friedensvertrages geworden, den Italien am Ende des Zweiten Weltkrieges mit den Siegermächten abgeschlossen hat. Der Pariser Vertrag ist damit ein international gültiges Dokument.

Als in Südtirol die Nachricht vom Abschluß des Vertrages bekannt wurde, waren die Meinungen sehr geteilt. Jene, die auf eine Rückkehr des Landes zu Österreich hofften – und das war die große Mehrheit der Bevölkerung – waren enttäuscht. Die anderen betrachteten den Vertrag als wichtigen Erfolg. Denn Italien müsse nun den Südtirolern eine Autonomie gewähren und damit sei ihr Fortbestand auch in Zukunft gesichert, lautete ihre These. Die faschistische Politik der zwanziger und dreißiger Jahre könne sich damit nicht mehr wiederholen.

Der Schachzug Degasperis

Entscheidend war nun, wie der Staat Italien diesen Vertrag in die Wirklichkeit umsetzen würde. Denn das Pariser Abkommen, das waren – wie bereits erwähnt – zunächst nur zwei maschinengeschriebene Seiten Papier, die mußten nun mit Leben erfüllt werden. Vergleicht man das Land Südtirol mit einem Haus, mußte nun eine Hausordnung erstellt werden. Diese Hausordnung mußte mit den Südtirolern abgesprochen und abgestimmt werden. Das ist im Vertrag ausdrücklich verankert.

Diese Hausordnung ist die Autonomie, oder genauer gesagt, ein Autonomiestatut, das die römische Regierung im Einvernehmen mit den politischen Vertretern der Südtiroler ausarbeitet und beschließt. Solange dies nicht geschieht, bleibt der Pariser Vertrag toter Buchstabe. Und wenn die italienische Regierung ein Autonomiestatut genehmigt, das den Wünschen der Südtiroler nicht entspricht, dann sind Konflikte vorprogrammiert.

Im Jahr 1948 trat eine neue italienische Verfassung in Kraft und mit ihr ein Autonomiestatut, das nach Meinung der Südtiroler nicht dem Geiste des Pariser Vertrages entsprach. Das Land Südtirol wurde nämlich mit der Provinz Trient zusammengekoppelt, und nicht Bozen wurde das Zentrum der Verwaltung, sondern Trient. In dieser neugeschaffenen Region mit Trient als Hauptstadt hatten die Italiener eine Zweidrittelmehrheit. Das war ein Schachzug von Alcide Degasperi, dem Mitunterzeichner des Vertrages in Paris. Damit war das Pariser Abkommen schon verletzt worden, ehe es in Kraft trat. Das konnte kein gutes Signal für die Zukunft sein.

Den Herrgott zum Bundesgenossen: die Führungsspitze der SVP bei der Herz-Jesu-Prozession in Bozen im Juni 1946; in der ersten Reihe von links nach rechts: Generalsekretär Josef Raffeiner, Obmann Erich Amonn, Obmannstellvertreter Josef Menz-Popp, Otto von Guggenberg und Toni Ebner.

»Das Volk von Südtirol hat gesprochen«

Die Kundgebung von Sigmundskron am 17. November 1957

Südtirol! Der strahlende Glanz dieses Wortes spiegelte sich tausendfältig in einem unvergeßlichen Tag – dem Tag von Sigmundskron.

Mit diesen Worten begann die Tageszeitung *Dolomiten* am 18. November 1957 ihre umfassende Berichterstattung über die größte Kundgebung, die je in der Geschichte Südtirols stattgefunden hat: über die Kundgebung auf Schloß Sigmundskron am Sonntag, dem 17. November 1957. Rund 35.000 Menschen aus allen sozialen Schichten des Landes waren damals dem Aufruf der Südtiroler Volkspartei gefolgt, um ihren Zorn und ihren Protest gegen die italienische Südtirolpolitik vor der Weltöffentlichkeit kundzutun. Für Silvius Magnago, dem damals 43jährigen Obmann der SVP, war es die erste große Feuerprobe in seiner langen erfolgreichen politischen Karriere.

Eine herbe Enttäuschung

Sigmundskron hat eine lange Vorgeschichte, zu der zweifelsohne das zweimal verweigerte Selbstbestimmungsrecht – am Ende des Ersten und am Ende des Zweiten Weltkrieges – gehört. Den Pariser Vertrag könnte man als *Ersatz* für diese Verweigerung verstehen. Aber die Autonomie für Südtirol allein, die im Sinne des Pariser Vertrages der Region Südtirol gewährt hätte werden müssen, blieb nach dem Zweiten Weltkrieg ebenfalls nur auf dem Papier. Alcide Degasperi, mit Karl Gruber der Unterzeichner des Pariser Vertrages, koppelte Südtirol mit dem Trentino zu einer Region zusammen, wobei Trient die Schaltzentrale der Verwaltung wurde.

Diese *Konstruktion* wurde 1948 Verfassungsgesetz des italienischen Staates. Für Südtirol war das eine herbe Enttäuschung. Alle wesentlichen autonomen Befugnisse – insbesondere auf sozialem und wirt-

Durch die massive Zuwanderung von Italienern nach Bozen spitzte sich die politische Lage in Südtirol bedrohlich zu. Im Bild: Italiener aus südlichen Regionen bei ihrer Ankunft in Bozen.

schaftlichem Gebiet – lagen bei der Region, wo die italienischen Parteien nach den ersten Wahlen vom November 1948 nicht weniger als 32 von insgesamt 45 Mandaten innehatten. Die Südtiroler wurden damit um jene Früchte der Autonomie geprellt, die ihnen im Pariser Vertrag zugesichert worden waren. Sie waren zur Minderheit in der Region geworden.

Und die Democrazia Cristiana, die in der Region das große Sagen hatte, spielte ihre Mehrheit gegen die SVP ebenso brutal wie konsequent aus. So war es beispielsweise damals gang und gäbe, daß der Regionalhaushalt, für dessen Genehmigung laut Autonomiestatut auch die Zustimmung der SVP notwendig war, alljährlich mit einem Dekret des italienischen Innenministers in Kraft gesetzt wurde, weil zuvor in Trient zwischen SVP und italienischen Regierungsparteien keine Einigung erzielt werden konnte. Daß der Löwenanteil der Geldmittel im Trentino investiert wurde und die Südtiroler das Nachsehen hatten, gehörte zur Tagesordnung.

Massive Zuwanderung

Es waren also höchst unerquickliche Jahre für die Südtiroler, deren Lage noch dadurch erschwert wurde, daß die in den dreißiger Jahren begonnene künstliche Zuwanderungspolitik auch in den fünfziger Jahren zielstrebig weitergeführt wurde. Das Ziel von Ettore Tolomei, dem Bannerträger der faschistischen Südtirolpolitik, war es bekanntlich, Bozen zu einer Stadt mit hunderttausend vorwiegend italienischen Bewohnern zu machen, um von diesem *Brückenkopf* aus ganz Südtirol zu italienisieren. Bei der vom Staat geförderten Zuwanderung konnte es nur mehr eine Frage von wenigen Jahren sein, bis Bozen die *Tolomeische Traumgrenze* erreichen würde.

Hand in Hand mit der massiven Zuwanderung von Italienern vor allem aus den südlichen Provinzen des Staates ging eine eklatante Benachteiligung der Südtiroler bei der Vergabe von Stellen im öffentlichen Dienst und bei der Zuteilung von Sozialwohnungen. In Südtirol wurden damals beispielsweise neunzig bis fünfundneunzig Prozent der von der öffentlichen Hand geförderten Wohnungen italienischen Familien eingeräumt. Das zeitigte schwerwiegende soziale Konsequenzen für die Südtiroler. Viele Familienväter mußten auswandern, um in Deutschland Arbeit und Brot zu suchen.

Auch die im Pariser Vertrag ausdrücklich angeführte Gleichberechtigung der deutschen Sprache mit der italienischen in öffentlichen Ämtern blieb auf weiten Strecken toter Buchstabe. Die allermeisten Beamtenposten wurden von Italienern besetzt und die verstanden kaum ein Wort Deutsch. Selbst einfache Beamtenposten in den Dörfern, wie jene eines Briefträgers, blieben Italienern vorbehalten, weil die Stellen auf Staatsebene ausgeschrieben wurden und die Südtiroler damit keine Chance hatten. Der im Pariser Vertrag verankerte Proporz bei der Vergabe von Stellen im öffentlichen Dienst war also eine Fata Morgana für die Südtiroler.

Der »Todesmarsch«

Ein Gefühl dumpfer Angst machte sich damals unter vielen Südtirolern breit. Sie fühlten sich heimatlos in ihrer Heimat. Und sollte diese Entwicklung zwischen italienischer Zuwanderung und deutscher Abwanderung nicht gestoppt werden, würde es nicht mehr lange dauern, bis die Südtiroler im eigenen Land eine Minderheit wären. Michael Gamper, der Vater der Katakombenschule und Graue Eminenz der Südtirolpolitik auch nach dem Kriege, prägte in jenen Jahren den Begriff vom *Todesmarsch* der Südtiroler. Er wollte damit verdeutlichen, daß die Südtiroler eine sterbende Minderheit sind, wenn der italienische Staat diese Politik der Unterdrückung und Erdrückung weiter fortsetzt.

In einem denkwürdigen Artikel schrieb Kanonikus Michael Gamper am 28. Oktober 1953 in der Tageszeitung Dolomiten: *Wir müssen immer wieder davon reden, weil es unsere tägliche, ja stündliche Not ausmacht: Die gewollte Unterwanderung unseres Volkes geht unaufhaltsam weiter. Viele Zehntausende sind nach 1945 und nach Abschluß des Pariser Vertrages aus den südlichen Provinzen in unser Land eingewandert, während zur gleichen Zeit die Rückkehr von einigen Zehntausenden unserer umgesiedelten Landsleute unterbunden wurde. Von Jahr zu Jahr sinkt so der Prozentsatz der einheimischen Bevölkerung steil ab gegenüber dem unheimlichen Anschwellen der Einwanderer. Fast mit mathematischer Sicherheit können wir den Zeitpunkt errechnen, zu dem wir nicht bloß innerhalb der zu unserer Majorisierung geschaffenen Region, sondern auch innerhalb der engeren Landesgrenzen eine wehrlose Minderheit bilden werden. Dies in einem Raume, in dem noch vor kurzem die Italiener nur drei Prozent der Gesamtbevölkerung ausgemacht hatten. Es ist ein Todesmarsch, auf dem wir Südtiroler uns seit 1945 befinden, wenn nicht noch in letzter Stunde Rettung kommt!*

Hilfe von Österreich

Woher konnte angesichts solcher Bedrohung die Rettung kommen? Die Südtiroler allein waren zu schwach, auch wenn sie wie ein Mann hinter dem Edelweiß standen, jenem Symbol, zu dem sie sich bereits bei den ersten Landtagswahlen im November 1948 mit überwältigen-

Einen Stadtteil mit Tausenden von neuen Wohnungen versprach Minister Togni den Italienern in Bozen.

der Mehrheit bekannten. Geschlossenheit nach außen war gewiß eine ihrer großen Stärken, aber sie allein genügte nicht in der Abwehr gegen die zentralistisch-nationalistischen Tendenzen des italienischen Staates. Sie brauchten Hilfe auch von jenem Staat, der Signatarmacht des Pariser Vertrages war. Das war Österreich.

Österreich, das 1955 mit dem Staatsvertrag seine volle Souveränität wiedererlangt hatte, ließ keinen Zweifel daran, daß es sich mit aller Kraft für die Lebensinteressen der Südtiroler einsetzen würde.

Unabhängig von moralischen Motiven war Österreich durch den Pariser Vertrag ermächtigt und legitimiert, seine Stimme für die Belange der bedrohten Südtiroler zu erheben. Das geschah im Herbst 1956 in einer diplomatischen Note an Rom, in der die völlig unzureichende Anwendung des Pariser Vertrages beklagt und die Einsetzung einer bilateralen Expertenkommission vorgeschlagen wurde. Die sollte die Probleme prüfen und Vorschläge zur Lösung ausarbeiten. Aber Rom antwortete im Jänner 1957 mit einem kaltschnäuzigen »Njet«. Die italienische Regierung stellte damals fest, der Pariser Vertrag sei voll und ganz erfüllt, und im übrigen sei das Südtirolproblem eine inneritalienische Angelegenheit, in die sich einzumischen Österreich kein Recht habe – ein diplomatischer Refrain, der sich in den folgenden Jahren noch mehrmals in stereotyper Weise wiederholen sollte.

Österreich und die Südtiroler mußten aus dieser Antwort Roms ableiten, daß Italien kein Jota von seiner bisherigen Politik der Assimilierung und Majorisierung abweichen wollte. Denn auf die lief, daran konnte kein Zweifel bestehen, Italiens Strategie in den fünfziger Jahren hinaus: durch eine gezielte Zuwanderung und Diskriminierung politische Fakten schaffen, an denen dann nicht mehr gerüttelt werden konnte. Wenn die Italiener einmal die Mehrheit im Lande hätten, dann könnte vielleicht auch jene Volksabstimmung durchgeführt werden, die den Südtirolern 1919 und 1945 so sehr am Herzen gelegen hatte.

SVP-Parteiobmann Silvius Magnago sprach im Schloßhof von Sigmundskron vor 35.000 Menschen.

»Das Volk von Südtirol ...«

Die von Italien verweigerte Volksabstimmung organisierten die Südtiroler am 17. November 1957 auf ihre Weise: mit einer machtvollen Kundgebung im Schloßhof von Sigmundskron. Es war die größte Demonstration, die je in der Geschichte Südtirols stattgefunden hatte. *Das Volk von Südtirol hat gesprochen,* titelte damals die *Dolomiten.*

Den unmittelbaren Anlaß dazu gab der italienische Minister für Öffentliche Arbeiten Giuseppe Togni. Am 15. Oktober 1957 teilte er dem Bürgermeister von Bozen Giorgio Pasquali mit, die Regierung in Rom habe der Landeshauptstadt 2,5 Milliarden Lire für die Errichtung eines neuen Stadtviertels zur Verfügung gestellt. Wörtlich heißt es in der Depesche: *Es freut mich, Ihnen mitzuteilen, daß das Koordinierungskomitee für Volkswohnbauten (CEP) eine schnelle Realisierung des zweiten Wohnbauprogrammes beschlossen hat, in welchem die Errichtung eines neuen Stadtteiles in Bozen inbegriffen ist, und zwar für den Betrag von 2,5 Milliarden Lire für die Errichtung von 5000 Wohnräumen zusätzlich Kirchen und Gebäuden für soziale und öffentliche Dienste. Ich bin sicher, auf Ihre Mitarbeit bei der Verwirklichung dieser Initiative der Regierung rechnen zu können, und bezweifle nicht, daß dieser wesentliche Beitrag zur Durchführung des sozialen Wohnbauprogrammes dieser Stadt gewürdigt wird. Togni, Minister für Öffentliche Arbeiten.*

Dieses Telegramm war ein regelrechter Schlag ins Gesicht der Südtiroler, denn es bekräftigte die bereits zuvor gehegte Befürchtung, daß Rom die seit zehn Jahren betriebene Zuwanderungspolitik noch forcieren wollte, um so bald wie möglich »vollendete Tatsachen« zu schaffen. Die von den Faschisten begonnene Politik der Majorisierung also in zweiter, demokratisch verbrämter Auflage? Es sah ganz danach aus.

Spirale der Spannung

Der politische Horizont im Lande hatte sich bereits zuvor bedrohlich verdüstert, weil es Ende 1956, Anfang 1957 zu den ersten Sprengstoffanschlägen gekommen war. In der Folge wurden siebzehn Südtiroler verhaftet, darunter auch der verantwortliche Redakteur der Tageszeitung *Dolomiten,* Friedl Volgger. Die Atmosphäre angeheizt hatte auch der umstrittene Schuldspruch gegen die sogenannten *Pfunderer Burschen*, die in einem auch international gewaltiges Aufsehen erregenden Indizienprozeß wegen der ihnen angelasteten Ermordung eines Finanzbeamten zu langjährigen Freiheitsstrafen verurteilt worden waren.

Und in dieser Spirale der Spannung nun das Telegramm von Minister Togni, das wie die Faust aufs SVP-Auge anmuten mußte. Für die Verantwortlichen der SVP war die Zeit zum Handeln gekommen. An der Spitze der Sammelpartei stand nun der 43jährige *Silvius Magnago*, damals Landtagspräsident und ab 1960 Landeshauptmann. Er war im Frühjahr 1957 von Männern auf den Schild gehoben worden, die einer härteren Gangart gegenüber der römischen Hinhalte- und Verschleppungspolitik das Wort redeten. Proteste in Form von Stellungnahmen und Pressekomuniques schienen nicht mehr zielführend genug. Sie stießen in Rom auf total taube Ohren. Der Parteiausschuß der SVP beschloß zehn Tage nach dem Togni-Telegramm, seine Empörung in einer großen Kundgebung, zu deren Teilnahme alle Südtirolerinnen und Südtiroler aufgerufen wurden, zum Ausdruck zu bringen. Die Kundgebung sollte vor aller Welt deutlich machen, daß es ein Südtirolproblem gibt und daß sich südlich des Brenners 250.000 Menschen in ihrer kulturellen Existenz bedroht fühlen.

Aus der Landeshauptstadt »verbannt«

Die Kundgebung sollte am 17. November in Bozen stattfinden – in der Landeshauptstadt, die nach den Worten von Tolomei durch gezielte Zuwanderung bald eine Stadt mit hunderttausend vorwiegend italienischen Bewohnern werden sollte. In Erwägung gezogen wurden für die Kundgebung der Landhausplatz, der Waltherplatz, der Grieser Platz und das Drusus-Stadion. Aber daraus wurde nichts. Der Regierungskommissär Luigi Sandrelli, der oberste Vertreter der Regierung in Südtirol, verbot die Kundgebung in der Landeshauptstadt mit dem Hinweis, daß Störungen der öffentlichen Ordnung zu befürchten seien. Die Neufaschisten hatten nämlich eine Gegendemonstration angekündigt.

Die Wahl für den Schauplatz der Kundgebung fiel nun auf den Schloßhof von Sigmundskron. Das war ein symbolträchtiger Ort, hatte dort doch schon 1946 eine eindrucksvolle Südtirol-Kundgebung statt-

Das »Los von Trient« war die zentrale Forderung bei der Kundgebung von Sigmundskron.

gefunden. Damals, am 5. Mai, versammelten sich rund 20.000 Frauen und Männer, um gegen die Verweigerung des Selbstbestimmungsrechtes für Südtirol zu protestieren.

Eigentlich wollte der Regierungskommissär auch die Kundgebung auf Schloß Sigmundskron verbieten – eben aus Gründen der öffentlichen Sicherheit. Aber SVP-Obmann Silvius Magnago war es dann nach langen Verhandlungen gelungen, die Zustimmung des Regierungsvertreters zu erhalten. In einem demokratischen Staat wie Italien habe doch jede Partei das Recht, öffentlich ihre Meinung zu äußern und ihren Unmut kundzutun, hatte er argumentiert. Und was die vom Regierungskommissär befürchteten Ausschreitungen angeht, *gebe ich mein deutsches Wort, daß nichts zu befürchten ist*, erklärte der Obmann. Er kenne seine Landsleute, auf die könne er sich verlassen. Auf diese Zusicherung hin erteilte der Regierungskommissär, der direkt dem rö-

Junge Burschen aus dem Sarntal trugen in Sigmundskron ein Transparent mit der Aufschrift »Volk in Not«.

mischen Innenminister verantwortlich ist, die Zustimmung zur Abhaltung der Protestkundgebung auf Schloß Sigmundskron.

»Die paar Bauern ...«

Es war ein sonnig-kühler Sonntagmorgen, jener 17. November des Jahres 1957. Schon am Vortag waren starke Polizeieinheiten in die Landeshauptstadt beordert worden. Man schätzte deren Zahl auf rund 4000, und sie bezogen Stellung an allen strategischen Punkten der Stadt. Bozen glich einem Heereslager. Und in den Kasernen waren auch die Soldaten in erhöhte Alarmbereitschaft versetzt worden.

Die fieberhafte Spannung hatte auch jenen Mann erfaßt, der an jenem 17. November seine erste große politische Feuerprobe zu bestehen hatte: Silvius Magnago. Die Hektik und Nervosität der vorausgegangenen Tage, die Verhandlungen, Besprechungen, die unzähligen Telefonanrufe hatten den Schwerkriegsversehrten gezeichnet; und dann die unendlich schwere Verantwortung, die auf seinen jungen politischen Schultern lastete, und schließlich die Sorge, ob überhaupt genügend Menschen nach Sigmundskron kämen, oder ob möglicherweise jener Trentiner Politiker recht behielte, der wenige Tage zuvor in der Tageszeitung *Adige* spöttisch meinte, man soll die paar Bauern ruhig durch Bozen marschieren lassen ...

Gedanken über Gedanken schießen Silvius Magnago durch den Kopf, als er bereits im Fond des Autos sitzt, das ihn nach Sigmundskron bringen soll. Von seiner Wohnung in der Bozner Runkelsteiner Straße sind es nicht mehr als acht Kilometer bis zum Schloß – eine halbe Stunde Fahrzeit. Während er durch die Stadt fährt, in der die Kundgebung verboten worden ist, überlegt der Obmann noch einmal die Schwerpunkte seiner Rede, die er vor den versammelten Landsleuten halten würde: Den Bogen wollte er spannen von der Verweigerung des Selbstbestimmungsrechtes am Ende des Zweiten Weltkrieges über den Pariser Vertrag, der eine Autonomie für Südtirol allein zum Inhalt hat und der vom italienischen Ministerpräsidenten Alcide Degasperi verfälscht wurde, weil Südtirol mit dem Trentino zu einer gemeinsamen Region zusammengeschlossen wurde; dann wollte er über die massive Zuwanderung von Italienern nach Südtirol sprechen und zuletzt natürlich auch von jenem berüchtigten Telegramm des Ministers Togni, mit dem Bozen ein gewaltiger Schub auf dem Weg zu einer Stadt mit hunderttausend Einwohnern gegeben werden sollte.

Halsbrecherische Fahrt

Während Magnago in sich und sein Manuskript versunken noch einmal seine Gedanken ordnet, bremst der Fahrer plötzlich ab. Was ist geschehen? Der Wagen steckt in einer Autokolonne, die sich nur im Schrittempo weiterbewegt. Vorne Omnibusse, hinten Omnibusse, dazwischen Motorradfahrer, die aus der Kolonne ausscheren, einzelne Fahrradfahrer, viele Menschen auch zu Fuß, alle auf dem Weg nach Sigmundskron. Magnago erfüllt das einerseits mit Genugtuung, aber andererseits steckt er in einem unübersehbaren Stau, aus dem es kein Entrinnen zu geben scheint. Und zu spät kommen, er, wo er doch die große Rede halten muß – das ist undenkbar. Und zudem hat er ja auch dem Regierungskommissär sein deutsches Wort gegeben, daß alles im richtigen Lot bleibt. Wenn sich bei Tausenden und Abertausenden von Menschen ein kleiner Zwischenfall ereignet, könnte die zum Bersten gespannte Lage rasch aus dem Lot geraten. Was soll er tun, um rasch in den Schloßhof von Sigmundskron zu gelangen?

Da kommt unerwartete Hilfe. Ein Motorradfahrer aus Bozen erklärt sich bereit, den Chef der Südtiroler Volkspartei auf seinem Roller nach Sigmundskron zu fahren. Magnago nimmt das Angebot an und steigt auf den Soziussitz. Kreuz und quer durch die Reihen der mühsam sich dahinschleppenden Autos geht die Fahrt den Hügel hinauf, etwas halsbrecherisch gewiß und für einen Parteiobmann und einen Landtagspräsidenten, der Magnago auch ist, ziemlich ungewohnt, aber Magnago kommt sicher ans Ziel. Unmittelbar vor dem Rednerpult steigt er ab und bedankt sich bei seinem Nothelfer, der ihn so unvermittelt aus einer unerquicklichen Lage befreit hat.

Als ob ganz Südtirol versammelt wäre ...

Silvius Magnago wirft einen Blick hinunter auf die Menschen, die bereits im Schloßhof von Sigmundskron versammelt sind. Viele Tausende sind es, sicherlich mehr als zwanzigtausend, vielleicht sogar dreißigtausend, und noch immer drängen Menschen von weit unten herauf – Menschen, die an diesem historischen Tag auch dabeisein wollten. Es sind Leute aus allen sozialen Schichten: viele Bauern, dann Arbeiter, Handwerker, Beamte, Akademiker, Frauen und Männer, und sehr viel Jugend. *Mir schien es, als ob ganz Südtirol aufgebrochen wäre, um vor aller Welt deutlich zu machen, daß Italien mit seiner hartnäckigen Politik der Italienisierung an den Südtirolern ein schweres Unrecht begeht*, erklärt Magnago aus der Retrospektive.

Die Menschen sind diszipliniert, Männer mit weißen Armbinden versehen den Ordnungsdienst, auf der höchsten Spitze des Schloßturms flattert eine Tiroler Fahne, obwohl das Hissen von Tiroler Fahnen bei der Kundgebung noch tags zuvor von den italienischen Behörden ausdrücklich verboten worden ist; Spruchbänder werden gezeigt, auf denen *Freiheit für Südtirol* gefordert wird, Heimatlieder werden gesungen, und dazwischen spielt immer wieder die Bürgerkapelle von Gries. Es herrscht eine festlich-gespannte Stimmung.

Zuerst tritt ein Bezirksvertreter von Bozen ans Rednerpult, dann ein junger Arbeiter aus Algund. Beide beklagen in leidenschaftlichen Worten die Diskriminierung, der die Südtiroler in der eigenen Heimat immer wieder ausgesetzt sind, und beide Redner werden mit stürmischem Beifall bedacht. *Freiheit für Südtirol* und *Los von Trient* brandet es immer wieder durch den Schloßhof, wo mittlerweile an die 35.000 Menschen versammelt sind. Und das Echo läßt die Rufe der vielen tausend noch eindrucksvoller erschallen.

»Ich habe mein deutsches Wort gegeben!«

Dann ist der Obmann der Südtiroler Volkspartei an der Reihe, sein Auftritt wird von orkanartigem Beifall begleitet. Für Silvius Magnago ist es zweifelsohne der größte Augenblick in seiner bisherigen politischen Laufbahn. *Liebe Südtiroler, liebe Landsleute*, beginnt er seine Rede. *Sie werden verstehen*, und das Mikrophon trägt seine Stimme über den ganzen Schloßhof, *Sie werden verstehen, daß ich für diese Kundgebung eine große Verantwortung trage. Ich habe als Verantwortlicher und auch als Parteiobmann mein Wort gegeben, daß nach der Kundgebung alles vorbei ist, das heißt, ich habe mein Wort gegeben, daß kein Marsch und kein Sonderprogramm nach dieser Kundgebung stattfindet.* Pfiffe werden laut und empörte Zwischenrufe schallen Magnago entgegen: Die anderen hätten schon viele Worte gegeben. Magnago kontert: *Ja, die anderen haben schon viele Worte gebrochen, ich aber, ich habe mein deutsches Wort gegeben, und ich bitte Euch, dieses mein deutsches Wort einzuhalten, denn das hat bei uns Gültigkeit.* Die Menschen klatschen, und die wenigen noch hörbaren Pfiffe gehen schließlich im aufbrausenden Beifallssturm unter. Nun spürt Magnago, daß er einen Sieg bereits errungen hat. Jetzt zieht er alle rhetorischen Register gegen Rom und Trient. Er kommt auf den sozialen Wohnbau in der Stadt Bozen zu sprechen, mit dem der Staat die Südtiroler zu unterwandern versucht.

Die Zuwanderung würgt uns in der Heimat ab, ruft Magnago in die Menge. *Viele Zehntausende Italiener sind nach 1945 und nach dem Pariser Vertrag aus den südlichen Provinzen in unser Land eingewandert, und mit fast mathematischer Sicherheit können wird den Zeitpunkt errechnen, wann wir in Südtirol eine wehrlose Minderheit bilden werden.* Und dann Magnago weiter: *Wir haben dagegen protestiert, aber man hat uns nicht gehört, deshalb haben wir uns gesagt, wir müssen jetzt lauter werden, denn bei Schwerhörigkeit kann man sich nur verständlich machen, wenn man laut wird. Deswegen sind wir heute zusammengekommen und können nur versichern, daß wir in Zukunft noch lauter werden, wenn man schwerhörig bleibt.*

Dann rechnet Magnago mit dem italienischen Innenminister Fernando Tambroni ab, der sich kurz vorher zu einem Besuch in Bozen aufgehalten und erklärt hatte, Bozen sei eine große Stadt und müsse noch größer werden. *Das hat*, ruft Magnago aus, *vor dem Herrn Minister auch schon der faschistische Diktator Mussolini versprochen.*

»Los von Trient«

Und dann kommt Magnago, der rhetorisch immer mehr in Fahrt kommt, auf den eigentlichen Schwerpunkt seiner Rede, auf das *Los von Trient. Wir wollen keine Autonomie mit Trient zusammen. Uns steht aufgrund des Pariser Vertrages eine Autonomie für Südtirol allein zu*, ruft der Obmann mit leidenschaftlicher Stimme. Die Parlamentarier der SVP würden unverzüglich einen Gesetzentwurf in Rom einbringen, damit die Autonomie für Südtirol allein Wirklichkeit werden kann, kündigt Magnago an.

Und dann wendet sich Silvius Magnago an die österreichische Regierung, die durch den Pariser Vertrag ermächtigt ist, sich für die Belange der Südtiroler einzusetzen. Wörtlich erklärt Magnago: *Bei dieser Gelegenheit fordere ich die österreichische Regierung auf, sich noch energischer als bisher für die Durchführung des Pariser Vertrages einzusetzen und nicht alles auf die lange Bank schieben zu lassen. Sie muß die Verhandlungen zu einem Ergebnis führen oder andernfalls andere Wege gehen.*

Mit den anderen Wegen meint Magnago die Anrufung der UNO in New York, wozu es drei Jahre später dann tatsächlich gekommen ist. Abschließend ruft Magnago die Südtiroler auf, für die Heimat zu arbeiten und vor allem auf die eigene Kraft zu vertrauen. *Tirol wird nur solange weiterleben, als es Tiroler in Tirol gibt. Wir und unsere Nachkommen müssen gute Tiroler bleiben.*

»Recht und Gerechtigkeit«

In einer von den Versammelten einstimmig genehmigten Entschließung wurde *Recht und Gerechtigkeit* für Südtirol gefordert. Italien wurde beschuldigt, *nie daran gedacht zu haben, das faschistische Unrecht wiedergutzumachen.* Ganz im Gegenteil: Man fahre jetzt in jenem Geist fort, der so viel Unheil über Südtirol gebracht habe. Italien wurde aufgefordert, die *übernommenen internationalen Verpflichtungen zu erfüllen.* An Österreich wurde in der Resolution der Appell gerichtet, *sich im Sinne des Pariser Vertrages mit ganzer Kraft und allen Mitteln für eine beschleunigte Erfüllung der Forderungen der Südtiroler einzusetzen.* Die Resolution schloß mit folgendem Satz: *Sollten unmittelbare Verhandlungen zu keinem Ergebnis führen, so fordern wir Österreich schon heute auf, vor den geeigneten internationalen Instanzen Recht und Gerechtigkeit für Südtriol zu verlangen.*

Auf dem Schloßhügel von Sigmundskron war es mittlerweile fast Mittag geworden. Die Kundgebung neigte sich dem Ende zu. Das Tiroler Heimatlied erklang noch einmal, die Bürgerkapelle von Gries spielte ihren letzten Marsch. Dann zerstreuten sich die Menschen und traten wieder die Heimreise an. Die Tiroler Fahnen wurden eingezogen. Der Tag von Sigmundskron war nun am Ausklingen, es war ein glänzender Tag, ein Tag von historischer Bedeutung für Südtirol, wie die Geschichte mittlerweile gezeigt hat. Ein historischer Tag auch für Silvius Magnago.

Am nächsten Tag berichteten alle großen Zeitungen in Westeuropa vom *Tag von Sigmundskron* und von den 35.000 Menschen, die gesittet und diszipliniert gegen die italienische Zuwanderungspolitik protestiert hatten.

Aber hat die römische Regierung den Notruf der 35.000 Südtiroler von Sigmundskron gehört, ihn zur Kenntnis genommen? Als die SVP-Abgeordneten Toni Ebner, Karl Tinzl und Otto von Guggenberg im Februar 1958 im Sinne des *Los von Trient* in der römischen Abgeordnetenkammer einen Entwurf für ein neues Autonomiestatut einbrachten, das eine Autonomie für Südtirol allein zum Inhalt hatte, zeigte man den Südtirolern wiederum die kalte Schulter. Die Vorlage wurde von der Regierung nie geprüft und vom Parlament nie behandelt.

Auch die Bemühungen der österreichischen Regierung, Verhandlungen mit Italien über die Durchführung des Pariser Abkommens aufzunehmen, scheiterten am italienischen Widerstand. Rom vertrat weiterhin den stereotypen Standpunkt, den Innenminister Tambroni am 14. September 1956 in Bozen in einer Rede vor den Bürgermeistern Südtirols geäußert hatte. Wörtlich meinte der Minister damals: *Ich erkläre ohne zu zögern, daß es kein Problem Südtirol gibt und noch weniger eine Südtirol-Frage.*

Die folgenden Jahre machten allerdings deutlich, daß es sehr wohl ein Südtirolproblem und eine Südtirol-Frage gab …

Der Tag von Meran

Das »Paket« auf dem Prüfstand

Es ist der 22. November des Jahres 1969: Der Zeiger auf dem großen Zifferblatt der Uhr im Meraner Kursaal steht gerade auf 10.15 Uhr. Immer noch strömen Mitglieder der Südtiroler Volkspartei in den mit Tiroler Fahnen und mit Blumengebinden festlich geschmückten Saal. Die Männer und Frauen kommen aus allen Talschaften Südtirols, aus dem Pustertal, dem Eisacktal, aus dem Vinschgau, dem Unterland, aus dem Bezirk Bozen und aus dem Burggrafenamt. Es sind Delegierte der SVP, Vertreter der Partei, die heute eine weitreichende Entscheidung zu treffen hat. Vorne in den ersten Reihen haben bereits der Obmann der SVP Silvius Magnago, seine Stellvertreter Peter Brugger und Joachim Dalsass und der Ladiner Erich Demetz Platz genommen, links und rechts davon Parlamentarier, Landesräte, Landtagsabgeordnete, Gäste aus Österreich und Deutschland und aus Italien, und in den Seitenreihen Journalisten und Korrespondenten aus vielen Ländern. Sie wollen in ihren Zeitungen, im Rundfunk und im Fernsehen über den historischen Tag von Meran berichten.

Wenige Minuten nach 10.15 Uhr ertönen Fanfarenklänge: Es ist das feierliche Signal für den Beginn. Silvius Magnago tritt an das Rednerpult und erklärt in kurzen lakonischen Worten den außerordentlichen Parteitag für eröffnet. Er wirkt ruhig, ja betont ruhig, der Obmann der SVP, auf dem heute eine gewaltige Verantwortung lastet, werden doch die entscheidendsten Weichen für den zukünftigen Kurs Südtirols nach dem Abschluß des Pariser Vertrages gestellt. Heute schlägt im Kursaal von Meran, wie immer sich die Dinge entwickeln mögen, eine geschichtlich bedeutsame Stunde. Das ist allen klar, den Spitzenfunktionären der Partei ebenso wie den unscheinbaren Delegierten aus den abgelegenen Seitentälern unseres Landes. Im Saal ist die knisternde Spannung förmlich zu spüren.

Ergebnis jahrelanger Verhandlungen

Auf dem Prüfstand liegt das *Paket*, jenes Bündel von Maßnahmen, welche die römische Regierung bereit ist, den Südtirolern zur Verbesserung ihrer Autonomie zu gewähren. Um dieses Paket hat es jahrelange Verhandlungen gegeben. Wie ein Tauziehen haben sich diese Verhandlungen gestaltet: Auf der einen Seite die SVP mit Silvius Magnago an der Spitze, unterstützt von der Regierung in Wien, und auf der anderen Seite die römische Regierung. Unzählige Konferenzen haben stattgefunden, Experten haben sich den Kopf zerbrochen, Minister über die Forderung der Südtiroler nach einer besseren Autonomie beraten, auch die Regierungschefs von Wien und Rom haben sich des Problems angenommen.

Und nun liegt es auf dem Tisch, das *Paket*. Es ist nicht so gut ausgefallen, daß es voller Begeisterung angenommen werden könnte, und auch nicht so schlecht, daß es, ohne mit der Wimper zu zucken, abgelehnt werden könnte. Das *Los von Trient*, die eigene »Region Südtirol«, die auf der großen Kundgebung in Sigmundskron im Jahr 1957 gefordert worden ist, wurde mit diesem Paket nicht erreicht, aber vieles, was derzeit noch als Zuständigkeit in Trient liegt, würde auf die autonome Provinz Bozen übertragen.

Die Entscheidung liegt bei der Südtiroler Volkspartei, denn sie ist die stärkste politische Kraft im Lande, vertritt die Rechte und die Anliegen des weitaus größten Teils der Südtiroler. Durch die freien Wahlen ist sie dazu in den dreißig Jahren davor immer wieder legitimiert worden. Und die Delegierten dieser Partei sind nun in Meran, um ihre Wahlkarte am Ende der Versammlung auf die Waagschale zu legen. Dann ist das Paket angenommen oder abgelehnt. Einen Aufschub gibt es nicht mehr. Nach fast zehn Jahren Verhandlungen ist die Entscheidung überfällig.

Magnago – Vater des »Pakets«

Auch für Silvius Magnago steht viel auf dem Spiel. Er war ab Mitte der sechziger Jahre der Wortführer für die Annahme des Pakets. Viele bezeichnen ihn als den Vater des Pakets. Würde es nun in Meran abge-

Die »Ouvertüre« zu den Verhandlungen, die 1969 schließlich zum »Paket« führten, war schrill. In der sogenannten Herz-Jesu-Nacht (Juni 1961) wurden Dutzende von Hochspannungsmasten gesprengt.

lehnt, wäre auch sein politisches Schicksal in Frage gestellt. Er würde den Vorsitz der Partei abgeben, zurücktreten, sein politisches Lebenswerk wäre damit gescheitert. Also auch eine historische Stunde für den seit 1957 amtierenden Obmann der Südtiroler Volkspartei.

Magnago denkt noch einmal zurück an die vergangenen Jahre, es ist gewissermaßen die Vorgeschichte des *Pakets:* an den großen Tag von Sigmundskron, als er seine erste Feuerprobe zu bestehen hatte, an die Wochen, als das Südtirolproblem vor den Vereinten Nationen in New York diskutiert wurde, an die schmerzlichen Ereignisse rund um die Sprengstoffanschläge von 1961 und später, und dann an das allmähliche Anlaufen von ernsthaften Verhandlungen mit Rom über eine Erweiterung der Landesautonomie im Rahmen der sogenannten Neunzehnerkommission. Auch die vielen Kontakte mit dem österreichischen Außenminister Bruno Kreisky kommen ihm in den Sinn, das Zusammentreffen mit dem italienischen Außenminister Giuseppe Saragat und dann die vielen herzlichen und fruchtbaren Begegnungen mit Aldo Moro, dem italienischen Außenminister und Ministerpräsidenten. Es waren dies bewegte Jahre voller Aufregung und Spannung, aber sie zeitigten auch Früchte, eben jenes Bündel von Zuständigkeiten, die Rom nun bereit ist, auf die Provinz Bozen zu übertragen. Bozen könnte damit eine echte Landeshauptstadt werden, wäre nicht mehr einfach ein Ableger von Trient.

Ringen in den »eigenen Reihen«

Magnago denkt auch an das erbitterte Ringen für und wider dieses *Pakets* in den Reihen der Südtiroler Volkspartei. Je deutlicher die Umrisse des *Pakets* sichtbar wurden, umso klarer traten auch die Schwachstellen in Erscheinung, beispielsweise was die Zuständigkeiten der Schule betrifft, die Arbeitsvermittlung, wichtige Bereiche der Sozialgesetzgebung, die öffentliche Ordnung, die Sicherheitsorgane, um nur einige zu nennen. Und dann, wie stand es um die Garantie, daß Rom die im *Paket* enthaltenen Zusagen auch wirklich in die Tat umsetzt?

Die Südtiroler waren aufgrund ihrer Erfahrungen gebrannte Kinder. Rom hatte die Erfüllung des Pariser Vertrages immer wieder hinausgezögert, immer wieder neue Ausreden gefunden. Würde es jetzt seine

In Waidbruck wurde im Jänner 1961 der »Genio del fascismo«, der eine frappante Ähnlichkeit mit dem Duce hatte, vom Sockel gesprengt.

Versprechungen einhalten? Magnago hat, bevor das *Paket* auf dem Tisch lag, mit italienischen Regierungsvertretern um Punkte und Beistriche gerungen, *Fußnoten* wurden noch angefügt, damit ja ein möglichst klarer Text aufliegt, bei dessen Interpretation dann keine Meinungsverschiedenheiten mehr entstehen könnten.

Dennoch bildete sich innerhalb der SVP eine starke Opposition gegen das Paket, angeführt von Senator Peter Brugger, dem Stellvertreter von Silvius Magnago in der Partei. Die Paketgegner vertraten immer wieder die Auffassung, daß mit Rom noch weiter verhandelt werden müsse, damit ein noch besseres Paket auf den Tisch käme. In vielen Versammlungen im Vorfeld der historischen Landesversammlung versuchten sie genauso wie die Paketbefürworter bei den Delegierten der SVP für ihre Vorstellungen zu werben. Die Zukunft der deutschen und ladinischen Volksgruppe im Staate Italien sei mit diesem Paket nicht

Der damalige österreichische Außenminister Bruno Kreisky brachte 1960 und 1961 das Südtirol-Problem vor die UNO in New York.

ausreichend abgesichert, war eine ihrer Thesen. Die Möglichkeiten der italienischen Regierung, sich in die inneren Angelegenheiten Südtirols einzumischen, seien noch zu groß, erklärten sie.

»Wir verlieren nichts von dem ...«

Magnago und seine Anhänger waren dagegen anderer Ansicht. Der Verhandlungsbogen mit Rom sei nun so weit gespannt worden, daß jede zusätzliche Belastung ein Bersten des Bogens bedeuten könnte. Im Klartext: Mehr war nicht herauszuholen. Jetzt hieß es, das Angebot Roms entweder annehmen oder ablehnen – mit all den Folgen, die sich daraus ergeben konnten. Das war der feste Standpunkt des Obmanns der SVP und seiner politischen Freunde an diesem 22. November 1969. Silvius Magnago wörtlich:

Wir verlieren nichts von dem, was wir bereits haben, wenn wir zu diesem Angebot ja sagen ... Mir ist um die Zukunft unserer Südtiroler nicht bange, wenn sich in unserer Jugend der Wille zur Ertüchtigung und zur besseren Leistung durchsetzt und wenn wir auch außerhalb dieses Pakets noch vorhandene Möglichkeiten mit aller Energie ausnutzen.

Um die Kernfragen des Pakets entwickelt sich nun im Meraner Kursaal eine Marathondebatte, an der sich weit über fünfzig Redner beteiligen. Die einen argumentieren für die Annahme des Pakets und vertreten damit die Position von Silvius Magnago, die anderen machen sich für die Argumente der Paketgegner stark und unterstützen den Standpunkt von Peter Brugger. Wie in der Brandung gehen die rhetorischen Wogen hin und her. Bald scheint es, als ob die Paketbefürworter

Silvius Magnago, der »Vater des Südtirol-Pakets«

die Oberhand behielten, dann scheint sich das Blatt wieder zugunsten der Paketgegner zu wenden.

Magnago selbst legt seinen Standpunkt in einer leidenschaftlichen Rede dar. Er appelliert an die Delegierten, das Paket anzunehmen. *Die Partei kann nicht immer von Zukunftsmusik leben*, erklärt er, *ein Nein, auch wenn im guten Glauben ausgesprochen, wäre ein verhängnisvoller Fehler.* Demgegenüber betont Peter Brugger: *Wir vergeben uns nichts, wenn wir heute dieses Paket ablehnen und mit Rom noch weiter um eine bessere Lösung verhandeln.* Beide Redner erhalten am Ende ihrer Ausführungen stürmischen Beifall.

Inzwischen ist es im Kursaal von Meran schon später Abend geworden. Die Zeiger der Uhr am großen Zifferblatt gehen schon gegen Mitternacht, und noch immer melden sich Redner zu Wort, wollen das Steuer in die eine oder andere Richtung reißen. Nach vierzehn Stunden wird das Signal zum Ende der Debatte gegeben. Der Ausgang scheint noch völlig offen. Niemand im Saal wagt eine Prognose, als die Delegierten nach Mitternacht beginnen, in geheimer Wahl ihre Stimmzettel in die Urnen zu werfen. Die Spannung, die den ganzen Tag unvermindert angehalten hat, steigt beinahe ins Unerträgliche. Nun sind die Stimmenzähler am Werk. Stimme für Stimme wird ausgezählt, Pro und Kontra werden in die Waagschale gelegt, was wird am Ende mehr wiegen: die Argumente der Befürworter oder jene der Gegner?

Hauchdünne Mehrheit

Um halb drei Uhr früh ist es soweit. Das Ergebnis liegt vor und kann bekanntgegeben werden: 583 Delegierte stimmen für das Paket und 492 dagegen, 15 Delegierte stimmen mit Weiß, geben also keine Stimme ab. Damit ist das Südtirolpaket mit einer knappen Mehrheit angenommen. Frenetischer Beifall brandet auf. Magnago erhebt sich von seinem Sitz, geht, auf seine Krücken gestützt, zum Rednerpult und dankt in bewegten Worten für die Unterstützung. Der Jubel will kein Ende nehmen. Die politischen Freunde gratulieren, die Gruppe um Peter Brugger ist enttäuscht. Doch da geschieht etwas Unerwartetes: Peter Brugger, der knapp Unterlegene, geht auf das Podium zu Magnago und drückt ihm die Hand. Scheinwerfer blitzen auf, im Saal

Ein Bild, das Geschichte gemacht hat: Nach geschlagener »Paketschlacht« reichten sich Peter Brugger (rechts) und Silvius Magnago im Kursaal von Meran die Hände und signalisierten damit eine gemeinsame »Front« bei der Durchsetzung der Paketbestimmungen.

brandet nochmals rauschender Beifall auf, der Händedruck zwischen den beiden Kontrahenten geht als historisches Ereignis – als zukunftsträchtiges Symbol – in die Geschichte ein. Es sollte damit deutlich werden, daß bei der Durchführung des Pakets wieder beide Gruppierungen in der SVP an einem gemeinsamen Strick ziehen wollen.

Nun fordern noch die wartenden Journalisten ihre Rechte ein. Sie ersuchen Silvius Magnago um eine Pressekonferenz. Der Obmann beantwortet ihre Fragen mit gelassener Ausführlichkeit. Kein Beistrich, so betont er, dürfe an diesem Paket geändert werden, sonst wäre die Zustimmung der Landesversammlung hinfällig. Der Wink mit dem Zaunpfahl nach Rom ist deutlich.

Inzwischen ist es 4 Uhr früh geworden. Die letzten Delegierten verlassen den Saal des Kurhauses. Silvius Magnago, der Obmann der SVP, nimmt seine Krücken, greift nach der Aktentasche und verläßt nachdenklich den Saal. Es war ein großer Tag für ihn. Aber der Tag danach hat bereits begonnen, der Tag, an dem um die loyale Durchführung des Pakets gerungen werden muß. Und dieses Ringen dauert noch viele Jahre …

Südtirol nach 1969

Der Autonomie-Zug kommt in Bewegung

Mit der Genehmigung des *Pakets* war der Weg frei für ein neues, erweitertes Autonomiestatut, das jenes aus dem Jahre 1948 ablösen sollte. Erforderlich war dazu die Abänderung der italienischen Verfassung mit einer Zweidrittelmehrheit und zwei Lesungen sowohl in der Abgeordnetenkammer als auch im Senat, denn das neue Autonomiestatut sollte ebenso wie das frühere ein italienisches Verfassungsgesetz sein. Damit konnte verhindert werden, daß das Statut mit einer möglicherweise von rechtsgerichteten Parteien in die Wege geleiteten Volksabstimmung wieder rückgängig gemacht würde. Der in diesem Zusammenhang zwischen Bozen, Wien und Rom vereinbarte Terminkalender wurde prompt eingehalten: Das neue Autonomiestatut trat am 20. Jänner 1972 in Kraft.

Innerhalb von zwei Jahren ...

Nun konnte der Autonomiezug sozusagen seine Fahrt beginnen. Der Fahrplan war fixiert. Es ging jetzt darum, die einzelnen Paketbestimmungen im politischen Alltag zu verankern, das heißt: Es mußten die aus dem Paket resultierenden Gesetze verabschiedet werden. Mit der Durchführung der einzelnen Paketbestimmungen wurden zwei Kommissionen betraut: Eine *Sechserkommission* war zuständig, soweit es sich um neue Kompetenzen der autonomen Provinz Bozen handelte, und eine *Zwölferkommission* hatte die für die Region Südtirol-Trentino vorgesehenen Zuständigkeiten zu beraten und der Regierung in Rom für die endgültige Genehmigung vorzuschlagen. In Kraft gesetzt werden sollten die von den Kommissionen erarbeiteten Vorschläge dann schließlich mit einer Verfügung des Präsidenten der Republik. Innerhalb von zwei Jahren – so lautete der administrative Fahrplan im Jahr

Alfons Benedikter (rechts im Bild) war erbitterter Widersacher von Silvius Magnago bei der Paketabstimmung. Danach zog der Landesrat mit Magnago an einem Strick und war an der Ausarbeitung zahlreicher Durchführungsbestimmungen zum Südtirol-Paket maßgeblich beteiligt.

1972 – sollten alle Durchführungsbestimmungen unter Dach und Fach sein, was bedeutet hätte, daß das neue Autonomiestatut bis zum Jahr 1974 in allen Details voll wirksam gewesen wäre.

Dieser Terminplan konnte nicht eingehalten werden. Die vielen Sachbereiche erwiesen sich als zu kompliziert, und die Paketpalette war insgesamt so umfangreich, daß sie in dieser relativ kurzen Zeitspanne nicht erledigt werden konnte. Die SVP stimmte deswegen einer Verlängerung der Termine zu. Obmann Silvius Magnago und seine Mitarbeiter vertraten den Standpunkt, daß eine gewissenhafte Prüfung aller Details allemal besser sei – auch wenn sie Zeit kostet –, als ein übers Knie gebrochenes Paket, das möglicherweise schon revisionsbedürftig ist, ehe es richtig aus der Taufe gehoben ist. Der Paket-Zug fuhr zwar langsam, aber er fuhr.

Unter vielen Südtirolern breitete sich Optimismus aus. Man hatte jetzt das Gefühl, im eigenen Hause die *Res publica* weitgehend nach eigenen Vorstellungen gestalten zu können. Und auch unter Italienern war vielfach eine autonomiefreundliche Stimmung zu verspüren. Die Zeichen für ein friedliches Neben- und Miteinander im autonomen Hause standen günstig.

Ethnischer Proporz

Von besonderer Bedeutung für die Südtiroler waren die Mitte der siebziger Jahre rechtswirksam gewordenen Durchführungsbestimmungen über den *ethnischen Proporz* und die *Zweisprachigkeit* im öffentlichen und halböffentlichen Dienst. Der ethnische Proporz sicherte die Zuteilung von Stellen in vielen Bereichen des öffentlichen Dienstes nach der numerischen Stärke der Volksgruppen. Damit wurde für die Südtiroler, die bislang vom Staatsdienst weitgehend ausgesperrt geblieben waren, ein bereits im Pariser Vertrag verankertes Grundrecht wirksam. Zudem wurde damit wenigstens tendenziell eine der gröbsten faschistischen Unrechtstaten wiedergutgemacht. Als endgültiger Termin für die Durchführung des ethnischen Proporzes wurde freilich erst das *Jahr 2007* vereinbart.

Sozialwohnungen und Zweisprachigkeit

Dieselbe Regelung wie für den öffentlichen Dienst sollte fürderhin auch bei der Zuteilung von öffentlich geförderten Sozialwohnungen gelten, die bisher in Südtirol auch zu einem überwiegenden Teil Italienern vorbehalten waren. Die Durchführungsbestimmung über die Zweisprachigkeit macht die in einer amtlichen Prüfung dokumentierte Kenntnis der beiden Landessprachen zur Grundvoraussetzung für die Teilnahme an Wettbewerben zur Besetzung von Beamtenstellen in vielen Bereichen des öffentlichen und halböffentlichen Dienstes. Für die Italiener in Südtirol bedeutete dies im Klartext, daß sich beispielsweise nur jene für eine Stelle in der Landesverwaltung, in den öffentlichen Krankenhäusern oder bei verschiedenen staatlichen Stellen bewerben konnten, die vorher den Nachweis über die Kenntnis der deutschen

Sprache erbringen konnten. Dieselben Bedingungen bei dieser Regelung gelten auch für die Deutschen.

Allerdings taten sich viele Italiener mit dem Erlernen der deutschen Sprache wesentlich schwerer als Deutsche mit dem Erlernen der italienischen, so daß die Durchfallquoten bei den Zweisprachigkeitsprüfungen unter Italienern um einiges höher lagen als bei den deutschen Bewerbern. Für gar manche Italiener bedeutete diese Durchführungsbestimmung deswegen eine kalten Dusche, zumal italienische Politiker im Land auch nach der Paketgenehmigung kaum Motivationsarbeit für das Erlernen der deutschen Sprache leisteten. Viele meinten wohl, daß das mit der deutschen Sprache wohl nicht so preußisch ernst zu nehmen sein werde. Die Politiker der SVP dagegen pochten auf eine konsequente Einhaltung der einschlägigen Durchführungsbestimmung. Die Südtiroler waren gebrannte Kinder des ersten Autonomiestatutes und sie wollten sich nicht nochmals um die Früchte der Autonomie prellen lassen.

Autonomie – auch Schutzschild für Italiener

Die Italiener in Südtirol erkannten nun immer mehr, daß Autonomie auch mit Teilen verbunden war – mit dem Teilen jener Privilegien, die sie bisher wie selbstverständlich fast allein genossen hatten und die nun auch den Deutschen eingeräumt werden mußten, beispielsweise in dem mit öffentlichen Mitteln geförderten Wohnbau oder bei den staatlichen Stellen. Das implizierte unweigerlich auch Verzicht und markierte für viele Italiener eine völlig neue Situation. Die wenige Jahre zuvor noch weitverbreitete euphorische Stimmung für die Autonomie schlug ziemlich rasch in Widerstand und Ablehnung um. Dabei wurde keineswegs anerkannt, daß die Kenntnis der beiden Landessprachen in einem Grenzland, wie es Südtirol ist, auf alle Fälle ein gewaltiges Plus für Bewerbungen im Handel und in der Industrie darstellt. Ebensowenig wurde anerkannt, daß der Proporz auch ein Schutzschild für in Südtirol ansässige Italiener vor Konkurrenten aus anderen Provinzen des Staates ist, die sich in Südtirol mangels Kenntnis der deutschen Sprache nicht um einen Posten im öffentlichen Dienst bewerben können. In südlicheren Regionen melden sich bei öffentlichen Wettbewerben nicht selten Zehntausende von Kandidaten – so beispielsweise in Turin oder in Neapel für die Besetzung von einem Dutzend Handlangerstellen bei der Eisenbahn oder bei der Post. In Südtirol werden die meisten Wettbewerbe auf Landesebene ausgeschrieben, und nur jene Italiener können zugelassen werden, die beide Landessprachen beherrschen.

Der zunehmende Widerstand von Italienern in Südtirol gegen die im Sinne des Pakets erlassenen Durchführungsbestimmungen schlug Anfang der achtziger Jahre bis Rom durch, wo die weitere Durchführung des zehn Jahre zuvor verabschiedeten Pakets nun vollends auf Eis gelegt wurde. Das änderte verständlicherweise auch das politische Klima in Südtirol. Wie ein Rauhreif im Frühling legte sich das römische »Njet« auf die junge, noch zarte Pflanze der neuen Autonomie. Die SVP beharrte mit Nachdruck auf die Erfüllung der im Paket eingegangenen Versprechungen und war nicht bereit, über eine Revision bereits erlassener Durchführungsbestimmungen mit sich reden zu lassen, bevor nicht der gesamte Paket-Zug seine Endstation erreicht hatte. Und im Paket waren noch andere wesentliche Bestimmungen leere Buchstaben, wie die Gleichberechtigung der deutschen Sprache mit der italienischen bei Gericht und bei der Polizei, die Errichtung einer autonomen Sektion des Verwaltungsgerichtshofes in Bozen und die Finanzregelung, ohne die auch die besten Durchführungsbestimmungen nur graue Theorie bleiben mußten.

Wahlerfolge von MSI (AN)

Unter vielen Italienern in Südtirol machte sich indessen unterschwellig Angst breit. Sie fürchteten, daß sie mit der Autonomie um ihre existentiellen Lebensrechte gebracht würden. Diese Angst wußte vor allem jene Partei geschickt für ihre Zwecke zu nutzen, die im rechten politischen Spektrum angesiedelt ist und deren Funktionäre sich bisweilen nicht ungern auf Benito Mussolini berufen. Es ist dies der neufaschistische MSI (Movimento Sociale Italiano), der in den meisten italienischen Regionen bei einem Stimmenanteil von rund fünf Prozent liegt, in Südtirol jedoch bei den Gemeindewahlen im Jahr 1985 und bei den Parlamentswahlen 1988 und bei den Landtagswahlen im gleichen Jahr einen gewaltigen Stimmenzuwachs erreichen konnte.

Die Stimmengewinne der mittlerweile vom MSI zur Alleanza Nazionale (AN) gemauserten Partei gingen vor allem auf Kosten der damaligen Christdemokraten – diese Partei ist unter der Last der Schmiergeldaffären der neunziger Jahre praktisch von der politischen Landkarte Italiens verschwunden und heute in verschiedene Zweige des politischen Zentrums aufgesplittert. Auch die Kommunisten mußten schwere Einbußen hinnehmen. Christdemokraten und Kommunisten waren sogenannte Paketparteien, die 1971 im römischen Parlament für die Abänderung der Verfassung zur neuen Südtirolautonomie gestimmt hatten. Aber diesen Parteien gelang es in zwanzig Jahren nicht, die Italiener in Südtirol von den Vorteilen der Südtirolautonomie auch für die italienischen Wähler zu überzeugen.

Südtirol ist auch jene Provinz Italiens, in der im Verhältnis zur Bevölkerung weitaus am meisten öffentliche Gelder in den geförderten Wohnbau investiert werden und wo auch viele andere öffentliche Strukturen vergleichsweise sehr gut funktionieren. Das wird von objektiven italienischen Journalisten aus anderen Provinzen, die immer wieder zu Besuch im Lande weilen, auch anerkannt und gewürdigt. So hat die römische Tageszeitung *La Repubblica* in einer Reportage Anfang der neunziger Jahre festgestellt, daß die öffentlichen Krankenhäuser wegen ihrer großzügigen personellen und materiellen Ausstattung beispielgebend für ganz Italien seien. *Man kann sie mit Hotels der Spitzenklasse vergleichen*, schrieb der Korrespondent. Aber auch diese Vorzüge des Landes konnten offensichtlich vielen Italienern von den Paket-Parteien nicht überzeugend genug vermittelt werden, so daß sie mehrheitlich auch in den neunziger Jahren ihr Glück in den populistischen Versprechungen der Rechtsparteien suchten. Diese Versprechungen laufen auf eine radikale Revision des zweiten Autonomiestatutes zu Gunsten der Italiener in Südtirol hinaus, die jedoch beim gegenwärtigen Stand der politischen Situation nicht einen Funken Aussicht auf Erfolg haben.

Stabwechsel von Silvius Magnago zu Luis Durnwalder

Die Landtagswahlen des Jahres 1988 brachten indes eine einschneidende personelle Veränderung in der politischen Landschaft Südtirols. Der langjährige SVP-Parteiobmann und Landeshauptmann Silvius Magnago kandidierte nicht mehr für den Landtag und übergab das Zepter der Landespolitik dem um fast 30 Jahre jüngeren bisherigen Landesrat für Landwirtschaft Luis Durnwalder. Bereits vor den Landtagswahlen, die von einer Reihe von bis heute nicht vollends aufgeklärten Bombenanschlägen *begleitet* worden waren, waren angesichts der dramatischen Wahlerfolge des neufaschistischen MSI deutliche Signale einer Kurskorrektur spürbar geworden. In Rom kamen die Verhandlungen über die weitere Durchführung der Autonomie, die vom sozialistischen Ministerpräsidenten *Bettino Craxi* systematisch eingefroren worden waren, allmählich wieder in Gang, und in Bozen wurde 1989 durch eine Revision des Koalitionsabkommens die Position der mit der SVP in der Landesregierung verbündeten Christdemokraten und Sozialisten gestärkt. Wortführer der SVP-Delegation war der noch bis 1991 amtierende Obmann der Südtiroler Volkspartei, Silvius Magnago.

Der neue Landeshauptmann Luis Durnwalder stellte schon in seiner ersten Regierungserklärung im Landtag im März 1989 klar, daß er den Dialog mit den Italienern im Lande zielstrebig suchen wolle. Und bereits im ersten Jahr seiner Amtstätigkeit hat er sein Versprechen auch mehrmals eingelöst, so daß ihm italienische Journalisten eine Politik des Lächelns bescheinigten. Konsequent hat Durnwalder auch die Beziehungen zur Provinz Trient auf eine neue Ebene gestellt, ohne dabei die traditionell engen Kontakte zu Nordtirol deswegen zu vernachlässigen. Mit dieser Strategie der Offenheit und Aufgeschlossenheit in alle Richtungen versuchte Landeshauptmann Durnwalder den rechtsradikalen Kräften das Wasser abzugraben und den Einfluß der gemäßigten politischen Kräfte in der italienischen Volksgruppe in Südtirol zu stärken.

Das neue Tauwetter hatte auch in Rom Wirkung gezeigt. Bereits vor den Landtagswahlen – im Mai 1988 – wurden von der römischen Regierung mehrere Durchführungsbestimmungen zum Paket genehmigt, wobei jene über die Gleichberechtigung der deutschen Sprache mit der italienischen bei Gericht und im Umgang mit der Polizei für die Südtiroler von besonderem Gewicht waren. Bereits vorher verabschiedet worden war die Bestimmung, welche die Errichtung eines autonomen Verwaltungsgerichtshofes in Bozen zum Inhalt hat. Unter Dach und Fach kam jetzt auch die Durchführungsbestimmung über die Finanzautonomie, womit das autonome Haus auf eine solide wirtschaftliche Grundlage gestellt wurde. Es folgten die Durchführungsbestimmungen über die Errichtung einer Sektion des Oberlandesgerichtshofes von Trient in Bozen, eines Jugendgerichtes in Bozen und die Beibehaltung des ethnischen Proporzes bei der mittlerweile rechtlich neugeregelten Eisenbahnverwaltung. Erfolgreich verliefen auch die Verhandlungen über die Neueinteilung der Senatswahlkreise in der Provinz Bozen, die ebenfalls im 1969 verabschiedeten Paket vereinbart worden war und die den Südtirolern zwei Senatoren garantiert. Und sogar für die überaus harte Nuß der von der SVP heftig befehdeten staatlichen Koordinierungs- und Ausrichtungsbefugnis wurde 1992 eine einvernehmliche Lösung erzielt. Mit dieser Befugnis hätte die römische Regierung ohne viel Federlesens mittels staatlicher Rahmengesetze wesentliche Bestimmungen der Autonomie aus den Angeln heben können.

Am 30. Jänner 1992 – fast auf den Tag genau zwanzig Jahre nachdem das zweite Autonomiestatut in Kraft getreten war – erklärte Ministerpräsident Giulio Andreotti im römischen Parlament, daß die italienische Regierung nunmehr allen Pflichten nachgekommen sei, die aus dem 1969 von der legendären Landesversammlung der SVP in Meran genehmigten Südtirol-Paket resultieren. Nun sei es an der Zeit, einen endgültigen Schlußstrich unter ein jahrzehntelanges Ringen zu ziehen. Dieser Schlußstrich wurde am 11. Juni 1992 mit der Abgabe der Streitbeilegungserklärung durch Österreich – mit Italien die Signatarmacht

Silvius Magnago kandidiert im November 1988 nicht mehr für den Südtiroler Landtag. Sein Nachfolger als Landeshauptmann wird Luis Durnwalder.

des Pariser Vertrages – gezogen. Österreich erklärte gegenüber Italien den formellen Abschluß der Südtirol-Verhandlungen. Diese Erklärung entsprach der von der UNO 1961 ausgesprochenen Forderung, daß Italien und Österreich mittels Verhandlungen Wege suchen sollten, das Südtirolproblem einvernehmlich zu lösen. Bevor die österreichische Regierung diese Streitbeilegungserklärung bei der UNO deponierte, hatten die Südtiroler Volkspartei auf einer außerordentlichen Landesversammlung am 30. Mai 1992 in Meran, der Tiroler Landtag am 4. Ju-

Der frischgebackene Landeshauptmann Luis Durnwalder bei seiner ersten Regierungserklärung im Südtiroler Landtag am 10. März 1989.

Im Februar 1991 legt Silvius Magnago auch den Parteivorsitz der SVP zurück. Sein Nachfolger wird Roland Riz.

ni und der Österreichische Nationalrat am 5. Juni der Abgabe dieser Erklärung vor der UNO zugestimmt.

Am 1. Oktober 1993 erklärte der damalige österreichische Außenminister Alois Mock vor der UNO-Vollversammlung in New York, daß in Südtirol auch nach der Streitbeilegungserklärung Österreichs gegenüber Italien *noch einige Probleme offengeblieben sind und mit der Dynamik der Entwicklung neue Probleme hinzutreten können*. Damit hat Mock das Signal für ein Stichwort gegeben, das die politische Diskussion in Südtirol in den neunziger Jahren nachhaltig geprägt hat. Die Rede ist von der *dynamischen Autonomie*, womit deutlich gemacht werden soll, daß das Autonomiestatut aus dem Jahre 1972 nicht als festes Korsett zu betrachten ist, sondern als ein Instrument, mit dem die Lebensrechte der Südtiroler im Staate Italien gesichert werden sollen. Neue Zeiten bringen neue Probleme und fordern neue Lösungsansät-

Schlußstrich unter das Paket: Der österreichische Außenminister Alois Mock (links) übergibt dem italienischen Botschafter in Wien, Alessandro Quaroni, am 11. Juni 1992 die Streitbeilegungserklärung.

ze, wollte der Minister sagen. Diese Interpretation entspricht dem Geist des Pariser Vertrages, der zu dem Zwecke abgeschlossen worden ist, um die kulturelle und wirtschaftliche Existenz der Südtiroler in Italien zu garantieren. Der Fortbestand der Südtiroler erscheint heute auch durch die europäische Entwicklung in einem günstigen Licht. Europa wächst zusammen, wenn auch unter hundert Schwierigkeiten. Die Grenze am Brenner, am Reschen und bei Innichen ist fast nur mehr ein dünner Strich auf der Landkarte, und historische Landschaften entdecken ihre in Jahrhunderten entwickelten kulturellen Gemeinsamkeiten wieder neu. Grenzbarrieren, die am Ende des Ersten Weltkrieges am politischen Reißbrett von den Siegern willkürlich gezogen worden sind, werden damit praktisch hinfällig. Das ist auch eine große Chance für Südtirol jenseits der gewiß notwendigen Absicherung der Autonomie durch Paragraphen und Gesetze.

Durnwalder – der »Macher«

Als im Jahre 1991 Silvius Magnago nach 34jähriger Regentschaft auch als Parteiobmann der SVP zurücktrat, verlagerte sich das Zentrum der Macht fast vollends von der Parteizentrale in das Palais Widmann, wo Luis Durnwalder als Landeshauptmann seinen Amtssitz hat. Nachfolger von Magnago als Parteiobmann wurde für eine kurze Zwischenzeit der langjährige römische Parlamentarier Roland Riz und dann – ab 1993 – Siegfried Brugger, für den es nicht leicht war, sich aus dem Schatten von Durnwalder zu befreien und eigenes Profil zu gewinnen. Brugger, Parlamentarier in Rom, führte die Partei bis April 2004. Er trat – 51jährig – zurück, »um Jüngeren Platz zu machen«. Dieser Jüngere ist der Bozner Vizebürgermeister Elmar Pichler-Rolle (Jahrgang 1960).

Luis Durnwalder ist ein »Macher«, ein Mann der Tat und der schnellen Entscheidungen. Mit pragmatischer Zielsicherheit gelang es ihm in den vergangenen zehn Jahren, das Haus der Autonomie, dessen Fundamente Magnago mit seinen Mitstreitern gezimmert hatte, noch wohnlicher zu machen. In Rom wehte in den neunziger Jahren lange ein günstiger Wind, zumal die Mitte-links-Regierungen auch Maßnahmen zugunsten der Autonomie setzten, die über die Paketvereinbarungen des Jahres 1969 hinausgingen. War zu den Zeiten von Magnago fast ausschließlich sein langjähriger Stellvertreter Alfons Benedikter in Sachen Autonomie Chefunterhändler in Rom, so nahm Durnwalder das Heft nun selbst in die Hand und erzielte im Labyrinth der römischen Ministerien Erfolge am laufenden Band.

Das Blatt in Rom wendete sich mit dem Jahr 2001, als in der Ewigen Stadt nach Parlamentswahlen eine von Silvio Berlusconi geführte Mitte-rechts-Regierung ans Ruder kam. In dieser Regierung ist die vom neufaschistischen MSI zur rechtskonservativen Alleanza Nazionale gemauserte Partei des Gianfranco Fini Juniorpartner; Fini hatte noch im Jahre 1994 Benito Mussolini als einen der größten Politiker Europas bezeichnet. Fini hat mittlerweile seine schwarzen Schatten abzustreifen versucht und gefällt sich in demokratischen Pflichtübungen. Es hat in Rom in den vergangenen Jahren manche Drohgebärden in Richtung Südtirol gegeben, aber dabei ist es geblieben. Substantielle Abstriche von der Autonomie wurden bislang nicht getätigt.

Zwiespältige Signale

Luis Durnwalder, dessen Popularitätskurve von Landtagswahl zu Landtagswahl in schwindelerregende Höhen stieg und der bei den Wahlen von Oktober 2003 die »astronomische« Zahl von über 110.000 Vorzugsstimmen auf sich vereinen konnte, gelang es auch, mit vielen Italienern im Lande ein entkrampfteres Verhältnis aufzubauen. Sogar von Alleanza Nazionale auf Landesebene kommen gelegentlich autonomiefreundliche Signale; allerdings hat dieser unauffällige Trend einen jähen Dämpfer erhalten, als in Bozen 2002 der Siegesplatz in Friedensplatz umbenannt werden sollte. Dieser Platz mit dem dazugehörenden, von den Faschisten 1928 errichteten Siegesdenkmal ist ein nationalistisches »Heiligtum« vieler Italiener in Bozen. Mit dem neuen Namen sollte ein Signal für die Zukunft in einem neuen Europa gesetzt werden, aber die Scharfmacher von Alleanza Nazionale erzwangen eine Volksabstimmung, bei der sich über 60 Prozent der wahlberechtigten Bozner Bevölkerung für die Rückbenennung aussprachen. – Anderseits hat Durnwalder bei den letzten Landtagswahlen auch einige tausend Stimmen aus dem italienischen Lager erhalten.

Mit dem überwältigenden Wahlerfolg von Landeshauptmann Luis Durnwalder kontrastiert das Abschneiden der SVP bei den letzten Landtagswahlen, die in ländlichen Gegenden teilweise Einbußen bis zu zehn Prozent und darüber hinaus hinnehmen mußte. Nur durch überraschende Erfolge vor allem in Bozen, Meran und Leifers konnte das Ergebnis aus dem Jahre 1998 (mit 21 Mandaten) knapp gehalten werden.

Mann der Tat und der schnellen Entscheidungen: Landeshauptmann Luis Durnwalder

Neuer SVP-Obmann

Aufgabe des am 17. April 2004 neu gewählten SVP-Obmannes Elmar Pichler-Rolle wird es sein müssen, diese Entwicklung genau unter die Lupe zu nehmen und Konsequenzen für die Arbeit an der Basis der SVP zu ziehen. Manche Auguren sagen voraus, daß die »Glanzzeit« der SVP, die viele Jahre lang von Erfolg zu Erfolg eilte, der Vergangenheit angehöre und daß es in Zukunft mehr Mißerfolge als Erfolge zu verwalten geben werde. Sollte das so sein, wäre die neue SVP-Mannschaft in der Bozner Brennerstraße um ihre Arbeit nicht zu beneiden. Eine Kurskorrektur hin zu den Anliegen und Nöten vor allem einfacher, sozial schwächerer Menschen scheint auf alle Fälle unumgänglich.

Zeittafel

1363	Tirol kommt zu Habsburg
1915	Italien erklärt Österreich-Ungarn den Krieg
1918	Anfang November Waffenstillstandsverhandlungen in der Villa Giusti
1919	Mit dem Friedensvertrag von Saint-Germain kommt Südtirol zu Italien
1922	»Marsch« der Faschisten auf Rom – Benito Mussolini übernimmt die Regierung
1923	Mit der Lex Gentile beginnt die Italienisierung der deutschen Schule
1928	In Bozen wird das faschistische Siegesdenkmal enthüllt
1935	Startschuß für den Bau der Industriezone in Bozen
1939	Unterzeichnung des Umsiedlungsabkommens in Berlin
1943	Waffenstillstand zwischen Italien und den Alliierten und Errichtung der Operationszone Alpenvorland
1945	Gründung der Südtiroler Volkspartei
1946	Unterzeichnung des Pariser Abkommens
1948	Erstes Autonomiestatut
1957	Silvius Magnago wird Obmann der SVP
1957	Bei der Großkundgebung in Sigmundskron wird das »Los von Trient« gefordert
1960	Silvius Magnago wird Landeshauptmann

1960/61	Das Südtirolproblem wird vor der UNO behandelt
1961	In der »Feuernacht« werden aus Protest gegen die italienische Südtirolpolitik über hundert Hochspannungsmasten gesprengt
1961	Einsetzung der Neunzehnerkommission
1969	Verabschiedung des »Pakets« in Meran
1972	Das neue Autonomiestatut tritt als Verfassungsgesetz in Kraft
1976	Erlaß der Durchführungsbestimmungen zu Proporz und Zweisprachigkeit
1989	Luis Durnwalder wird Landeshauptmann von Südtirol
1991	Silvius Magnago tritt als Obmann der SVP ab, Roland Riz wird sein Nachfolger
1992	Abgabe der Streitbeilegungserklärung und offizieller Abschluß der Südtirol-Verhandlungen
1993	Siegfried Brugger wird Obmann der SVP
2001	»Zeitenwende« in Rom – Silvio Berlusconi wird Ministerpräsident
2004	Elmar Pichler-Rolle wird neuer Obmann der SVP

Personenregister

Literaturhinweise

Benedikter, Hans: Silvius Magnago. Ein Leben für Südtirol, Bozen 1983

Corsini, Umberto / Lill, Rudolf: Südtirol 1918–1946, hrsg. von der Autonomen Provinz Bozen-Südtirol, Bozen 1988

Eisterer, Klaus / Steininger, Rolf (Hrsg.): Die Option. Südtirol zwischen Faschismus und Nationalsozialismus, Innsbruck 1989

Framke, Gisela: Im Kampf um Südtirol. Ettore Tolomei (1865–1952) und das Archivio per l'Alto Adige, Tübingen 1987

Gehler, Michael: Verspielte Selbstbestimmung? Die Südtirolfrage 1945 / 46 in US-Geheimdienstberichten und österreichischen Akten. Eine Dokumentation, Innsbruck 1996

Gruber, Alfons: Südtirol unter dem Faschismus, Bozen 1978 (3. Auflage)

Ders.: Südtirol unter dem Faschismus. Gegen die Avantgarde des Vergessens, Bozen 1995

Huter, Franz (Hrsg.): Südtirol – eine Frage des europäischen Gewissens, Wien-München 1965

Lill, Rudolf (Hrsg): Die Option der Südtiroler 1939, Bozen 1991

Marzari, Walter: Kanonikus Michael Gamper. Ein Kämpfer für Glauben und Heimat und gegen das Faschistenbeil und Hakenkreuz in Südtirol, Wien 1974

Parteli, Othmar: Südtirol (1918 bis 1970), Geschichte des Landes Tirol, Bd. 4 / I, Bozen-Innsbruck-Wien 1988

Steininger, Rolf: Südtirol im 20. Jahrhundert. Vom Leben und Überleben einer Minderheit, Innsbruck-Wien 1999

Ders.: Südtirol im 20. Jahrhundert. Dokumente, Wien-Innsbruck 1999

Südtirol-Chronik. Das 20. Jahrhundert, Bozen 2000

Südtirol-Handbuch, hrsg. von der Südtiroler Landesregierung, Bozen 2000

Volgger, Friedl: Mit Südtirol am Scheideweg. Erlebte Geschichte, Innsbruck 1997

Bildnachweis

Autonome Provinz Bozen-Südtirol, Amt für audiovisuelle Medien, Abteilung 14; Foto Alberti: Seiten 118 und 131

Österreichische Nationalbibliothek Wien: Seiten 26 und 29

Die anderen Bilder stammen aus dem Athesia-Archiv, aus dem Dolomiten-Archiv, aus dem Privatarchiv von Dr. Othmar Parteli und aus anderen Privatarchiven.

Landeshauptmann Silvius Magnago (1989) mit seinem Nachfolger Luis Durnwalder